ITALIENISCH

FÜR

ANFÄNGER

V.1

DolceParola

Veröffentlicht von: DolceParola

editorial@dolceparola.com.

Erstausgabe: Mai 2025

Gedruckt in Deutschland

INDEX

1. EINFÜHRUNG: Deine Reise durch das Italienische

2. Die Grundlagen: Dein italienischer Grundstock

3. Das Leben in Italien: Alltagsszenen

4. Grammatik in Aktion – das Herz der Sprache.

5. Geschichten aus dem Stiefel: Zum Üben.

6. Die Feuerprobe: Herausforderungen und Selbstbewertung.

7. Lösungen zu den Übungen

Sonderbonus für Sie!

Danke, dass du dich für Aprender Italiano es Fácil entschieden hast! Als Dankeschön für deinen Kauf haben wir ein exklusives Bonus-eBook für dich vorbereitet: „Atajos y Recursos para Dominar el Italiano". Dieses eBook ist vollgepackt mit praktischen Tipps, die dir helfen, dein Italienischlernen zu beschleunigen.

- **Was findest du in diesem eBook?**
  - Fortgeschrittene Techniken zum Italienischlernen
  - Idiomatische Ausdrücke und gebräuchliche Redewendungen
  - Aussprache und Sprachfluss
  - Kulturelle Aspekte, die die Sprache bereichern
  - Interaktive Mini-Herausforderungen

- **Wie bekommst du es?**
- **Scanne den untenstehenden QR-Code**
- **Besuche unsere Webseite und lade dein kostenloses eBook herunter**

Dieser Bonus ist unser Dankeschön dafür, dass du uns dein Vertrauen schenkst, und soll dir helfen, deine sprachlichen Ziele schneller und mit mehr Spaß zu erreichen.

Greife jetzt auf deinen Bonus zu!

EINFÜHRUNG

1.2 Das Abenteuer beginnt: So navigieren Sie durch dieses Buch

Willkommen zu deiner sprachlichen Odyssee durch das Bel Paese! Dieses Buch ist kein gewöhnliches Lehrwerk; es ist dein Reisebegleiter auf dem Abenteuer Italienisch. Mach dich bereit, in eine Methode einzutauchen, die deine Sinne weckt und deinen Geist fesselt – wie der Duft eines frisch zubereiteten Risottos.

Was wäre, wenn jede Italienischstunde eine sinnliche Reise wäre, die deine Sicht auf die Welt verändert? Stell dir vor, „il bel parlare" nicht durch mechanisches Auswendiglernen zu meistern, sondern indem du die Sprache in ihrem lebendigen Kontext erlebst – wie der erste Schluck Limoncello, der all deine Sinne weckt.

Stell dir das Lernen wie ein italienisches Festmahl vor: Jeder Bissen ist ein einzigartiges Erlebnis, eine Sinfonie von Aromen, die auf deinem Gaumen tanzen. Genau so funktionieren unsere Lektionen. Du tauchst ein in Alltagssituationen, die so real sind, dass du fast den frisch gemahlenen Espresso riechen, das Treiben auf den Piazzas hören und die toskanische Sonne auf deiner Haut spüren kannst.

Unsere Mini-Geschichten sind wie Fenster in das italienische Leben – kleine Wirbel, die dich direkt von deinem Sofa ins Herz von Rom oder zu den Kanälen von Venedig transportieren. Durch sie wirst du nicht nur Wörter und Grammatikregeln wie ein sprachlicher Schwamm aufsaugen, sondern die Sprache am eigenen Leib erleben. Wer hat eigentlich gesagt, dass Lernen nicht so aufregend sein kann wie eine Fahrt entlang der Amalfiküste auf einer Vespa?

Nach jeder Geschichte und den Erklärungen erwarten dich praktische Übungen. Weiche ihnen nicht aus; sie sind dein sprachliches Fitnessstudio, dein Trainingsfeld, um ein Gladiator des Italienischen zu werden. Hier verwandelst du Wissen in Können, hier werden die Wörter zu deiner neuen Superkraft. Stell dir vor, du bestellst Pasta wie ein Einheimischer oder diskutierst über Fußball mit der Leidenschaft eines echten Tifoso.

Vertraue dem Prozess; jede Seite bringt dich der Sprachflüssigkeit näher, so wie dich jeder Schritt dem Gipfel des Vesuvs näherbringt. Am Ende jedes Kapitels stelle dich selbst auf die Probe. Feiere deine Erfolge, als hättest du ein Tor im Olympiastadion geschossen, und lerne aus deinen Fehlern mit der Gelassenheit eines Gondoliere, der durch stürmische Gewässer navigiert. Denk daran: Selbst Michelangelo hat sich vermutlich mit Farbe bekleckert, während er die Sixtinische Kapelle erschuf.

Beständigkeit ist deine Verbündete, deine treue Begleiterin auf dieser Reise. Widme jeden Tag wenigstens einen kleinen Moment dem Italienisch, so wie man einen schnellen Espresso an der Bar genießt. Wie das stetige Tropfen, das den Stein höhlt, oder der Handwerker, der den Carrara-Marmor bearbeitet, wird deine tägliche Übung deine Italienischkenntnisse formen, bis sie zu einem Meisterwerk werden.

Dieses Buch ist nur der Anfang, der Aperitif deines sprachlichen Festmahls. Es wird dir Türen zu einer Welt zusätzlicher Ressourcen öffnen, die so vielfältig sind wie die italienischen Käsesorten. Nutze sie, entdecke sie, lass sie deine Neugier nähren wie eine gute Antipasti-Platte.

Italienisch zu lernen bedeutet nicht nur, eine Sprache zu erwerben; es ist eine Entdeckungsreise, so spannend wie das Ausgraben einer verlorenen Stadt in Pompeji. Genieße jeden Schritt, koste jedes neue Wort wie ein Sommelier einen gereiften Chianti, und schon bald wirst du mit der Leidenschaft eines Neapolitaners und dem Stil eines Mailänders sprechen.

Allora, sei pronto per questa avventura? Andiamo!

Lieber Leser, an dieser Schwelle deiner sprachlichen Reise möchte ich dir diesen kurzen Abschnitt widmen, um dir für deine Wahl und dein Vertrauen zu danken.

Danke, dass du dich für dieses Buch entschieden hast, obwohl es unzählige andere Möglichkeiten gibt. Deine Entscheidung, „Italienisch lernen ist einfach" zu erwerben, erfüllt mich mit Dankbarkeit und Freude.

Mit dem Aufschlagen dieser Seiten hast du den ersten Schritt in ein sprachliches Abenteuer gemacht, das dich – so hoffe ich – nicht nur zu einer neuen Sprache, sondern zu einer ganzen Kultur führen wird. Jedes Wort, das du lernst, wird ein Fenster zum schönen Italien sein, und jeder Satz, den du bildest, eine Brücke zu neuen Freundschaften und Erfahrungen.

Dein Vertrauen in diese Methode inspiriert mich, weiterhin Materialien zu entwickeln, die das Sprachenlernen bereichernd und zugänglich machen. Es freut mich sehr zu wissen, dass dieses Buch nun in deinen Händen liegt.

Wenn du nach der Lektüre das Gefühl hast, dass dieses Buch deinem Lernweg einen Mehrwert gebracht hat, würde ich mich sehr freuen, wenn du deine Erfahrungen mit anderen teilst. Eine ehrliche Rezension auf der Plattform, auf der du das Buch erworben hast, hilft uns als unabhängige Autoren enorm und unterstützt auch zukünftige Lernende bei der Suche nach geeigneten Ressourcen.

Dein Feedback ist für uns von unschätzbarem Wert. Es hilft uns, deine Bedürfnisse besser zu verstehen und uns stetig zu verbessern. Jede Rückmeldung ist ein Leuchtfeuer, das den Weg weist, um noch nützlichere und effektivere Inhalte zu schaffen.

Grazie mille für deine Unterstützung. Ich hoffe, dieses Buch ist der Beginn einer wunderbaren Beziehung zur italienischen Sprache und dass du schon bald mit der Leidenschaft und der Leichtigkeit eines echten Italieners sprechen wirst.

Mit Dankbarkeit und den besten Wünschen für deine sprachliche Reise,

[DolceParola]

- **Bibliographie**

Das italienische Konditional (Präsens und Vergangenheit): Wie es gebildet wird und wann es verwendet wird! (o. J.). Learnamo.com. Abgerufen am 9. Februar 2025, von
https://learnamo.com

Imperfekt – Übungen und Grammatik - eserciziitaliano.it. (2023, Juli 25). Eserciziitaliano.It - Lerne Italienisch mit vielen Übungen.
https://eserciziitaliano.it

Die Zahlen auf Italienisch. (o. J.). Italianosencillo.com. Abgerufen am 9. Februar 2025, von
https://www.italianosencillo.com

Indikativmodus Italienisch > Präsens, Perfekt usw. (2018, August 28). Europass ES; Europass Italian Language School.
https://www.europassitalian.com

Durch die italienischen Zeitformen navigieren: Ein vereinfachter Leitfaden. (2024, August 12). Dantelingua Italian.
https://dantelingua.com

Sentsova, V. (o. J.). Das Imperfekt. SlideShare. Abgerufen am 9. Februar 2025, von
https://www.slideshare.net

Serena. (2023, Dezember 6). Das italienische Imperfekt: Ein einfacher Leitfaden. Italianpills.com.
https://italianpills.com

Speechling Language Learning. (o. J.). Wie sagt man „Wann ist der Check-out?“ auf Italienisch („A che ora è il check out?“). Speechling.com. Abgerufen am 9. Februar 2025, von
https://speechling.com

Futur der unregelmäßigen Verben in der italienischen Grammatik. (2024, Juli 22). AI Language Learning.
https://learnpal.ai

Italienisches Futur: Bildung und Verwendung. (2024, August 16). Dantelingua Italian.
https://dantelingua.com

Was bedeutet ANDIAMO auf Italienisch? (mit AUDIO!). (2023, Januar 13). Lingookies.
https://lingookies.com

(o. J.). Pressbooks.pub. Abgerufen am 9. Februar 2025, von
https://pressbooks.pub

1.3 Erfolgsgeheimnisse: Strategien für schnelles Lernen

Die Reise zur Sprachflüssigkeit im Italienischen ist wie die Zubereitung eines perfekten Risottos: Sie erfordert Geduld, Hingabe und die richtigen Zutaten. Zum Glück kannst du mit den passenden Strategien dein Lernen in ein ebenso köstliches Erlebnis verwandeln wie ein Gelato an einem heißen römischen Nachmittag. Hier stellen wir dir vier grundlegende Säulen vor, die – kombiniert mit dem Inhalt dieses Buches – deine Italienischkenntnisse beschleunigen, ohne dass du dein alltägliches Leben auf den Kopf stellen musst.

1. Tägliche Immersion: Die Kunst, in Italienisch zu baden

Stell dir deinen Tag wie eine große sprachliche Lasagne vor, mit Schichten aus Italienisch in jedem Moment. Nein, wir sprechen nicht davon, nach Florenz zu ziehen (obwohl, wie wunderbar wäre das!), sondern davon, die kleinen Augenblicke zu nutzen, um in die Sprache einzutauchen.

- **Mit Italien aufwachen:** Beginne deinen Tag, indem du beim Frühstück italienische Nachrichten hörst. Vielleicht verstehst du nicht jedes Wort, aber dein Gehör wird sich allmählich an die Melodie der Sprache gewöhnen. Es ist, als würdest du den Duft von Caffè deine sprachlichen Sinne wecken lassen.

- **Verwandle deinen Arbeitsweg:** Mache aus deinem Weg zur Arbeit einen Spaziergang durch die Straßen Roms. Höre Podcasts oder Hörbücher auf Italienisch. Die Alltagssituationen, die du in diesem Buch lernst, werden in diesen Geschichten lebendig.

- **Sprachliches Mittagessen:** Schau dir in deiner Mittagspause eine kurze Folge einer italienischen Serie an. Beobachte, wie die Figuren miteinander umgehen, und achte auf die Ausdrücke, die du gelernt hast.

2. Aktives Üben mit dem Buch: Dein persönliches Sprach-Fitnessstudio

Betrachte dieses Buch als deinen persönlichen Italienisch-Trainer. Genauso wenig wie du einen Athletenkörper ohne regelmäßiges Training erwarten würdest, kannst du erwarten, fließend Italienisch zu sprechen, ohne kontinuierlich zu üben.

- **Die 20-Minuten-Regel:** Widme jeden Tag 20 Minuten – nicht mehr und nicht weniger – der Arbeit mit diesem Buch. Lies eine Mini-Geschichte, koste jedes neue Wort aus wie einen Bissen Tiramisù.

- **Übungen – deine sprachliche Fitnessroutine:** Mache die entsprechenden Übungen. Sie sind deine Wiederholungsserie, um deine grammatikalischen Muskeln zu stärken. **Wortschatzwiederholung:** Am Ende deiner Lerneinheit wiederhole den neuen Wortschatz. Stelle dir jedes Wort bildlich vor, gib ihm einen Kontext, eine kleine Geschichte. Je lebendiger das mentale Bild ist, desto leichter wirst du es dir merken können.

3. Sofortige Anwendung: Von der Theorie zur Dolce Vita

Das wahre Lernen geschieht, wenn du das Italienische aus den Buchseiten herausholst und in deinen Alltag integrierst. Es ist wie beim Kochen: Du kannst tausend Rezepte lesen, aber wirklich lernen wirst du erst, wenn du die Schürze anziehst und dir die Hände mit Mehl schmutzig machst.

- **Tägliche Herausforderung:** Setze dir nach jeder Lektion das Ziel, das Gelernte in deiner Routine anzuwenden. Hast du etwas über Essen gelernt? Erstelle deine Einkaufsliste auf Italienisch. Hast du die Zahlen geübt? Zähle auf Italienisch, während du Sport machst oder die Treppe hinaufgehst.

- **Denke auf Italienisch:** Versuche, deinen Tag auf Italienisch zu erzählen, auch wenn es nur in Gedanken ist. „Oggi ho mangiato una mela per colazione" (Heute habe ich zum Frühstück einen Apfel gegessen). Nach und nach wird sich dein innerer Monolog in einen flüssigen Dialog auf Italienisch verwandeln.

- **Beschrifte deine Welt:** Bringe Post-its mit den italienischen Namen an den Gegenständen in deinem Zuhause an. Jedes Mal, wenn du „ il frigorifero" an deinem Kühlschrank siehst, festigst du deinen Wortschatz ganz nebenbei.

4. Selbsteinschätzung und Wiederholung: Dein Kompass auf der Sprachreise

Wie jeder gute Reisende weiß, sollte man ab und zu die Karte zur Hand nehmen, um sicherzugehen, dass man auf dem richtigen Weg ist. Deine Reise durch das Italienische ist da keine Ausnahme.

- **Wöchentlicher Check:** Nimm dir am Ende jeder Woche ein paar Minuten Zeit, um deinen Fortschritt zu überprüfen. Das ist dein Moment der Reflexion, dein „sprachlicher Aperitif".

- **Feiere deine Erfolge:** Notiere deine Fortschritte, so klein sie auch sein mögen. Konntest du die Speisekarte in einem italienischen Restaurant verstehen? Darauf stoßen wir an!

- **Erkenne Verbesserungsbereiche:** Sei ehrlich zu dir selbst, was noch mehr Übung braucht. Machen dir die unregelmäßigen Verben zu schaffen? Schreib es auf und widme ihnen in der nächsten Woche etwas mehr Aufmerksamkeit.

- **Plane deinen nächsten Schritt:** Setze dir auf Basis deiner Selbsteinschätzung Ziele für die kommende Woche. Halte diese Ziele realistisch und erreichbar. Rom wurde nicht an einem Tag erbaut – und dein Italienisch auch nicht.

Denke daran, lieber Lerner, dass das Beherrschen einer Sprache eine Reise ist und kein Ziel. Diese Strategien, kombiniert mit der Struktur und dem Inhalt dieses Buches, ermöglichen es dir, kontinuierlich und effektiv voranzukommen. Du wirst das Italienische ohne große Opfer in deinen Alltag integrieren und jeden Tag in ein kleines sprachliches Abenteuer verwandeln.

Also, nur zu! Dein italienisches Abenteuer wartet auf dich. Mit Ausdauer, Neugier und diesen Strategien im Gepäck wirst du schon bald mit dem Selbstvertrauen eines venezianischen Gondoliere durch die Gewässer der italienischen Sprache navigieren.

1.4 Die italienische Melodie: Aussprache-Leitfaden

Willkommen in der faszinierenden Welt der italienischen Klänge. Stell dir das Italienische wie ein wunderschönes Lied vor, das du gleich lernen wirst. Hier findest du die wichtigsten Noten, um mit dem Einstimmen zu beginnen:

1. Die Vokale: Die Stars der Show

Im Italienischen sind die Vokale klar und rein. Sie sind wie die Grundtöne unseres Liedes:

- **A – wie in „Papa": sempre aperta (immer offen)**
  Beispiel: acqua (Wasser) – A-kwa

- **E – zwei Laute:**
  Offen wie in „Bett": bene (gut) – BE-ne
  Geschlossen wie in „Tee": perché (warum) – per-KE

- **I – wie in „mir": sempre chiusa (immer geschlossen)**
  Beispiel: vino (Wein) – VI-no

- **O – ebenfalls zwei Laute:**
  Offen wie in „Sonne": cosa (Sache) – CO-sa
  Geschlossen wie in „Ofen": amore (Liebe) – a-MO-re

- **U – wie in „Uhr": sempre chiusa (immer geschlossen)**
  Beispiel: luna (Mond) – LU-na

Übung: Sprich laut nach: „La vita è bella" (Das Leben ist schön)

2. Besondere Konsonanten: Die einzigartigen Rhythmen

- **C und G: Sie verändern ihren Klang je nach folgender Vokal**
  Vor E, I klingen sie:
  C wie „tsch": ciao (hallo) – TSCHAO
  G wie das „j" in „Jahr": gente (Leute) – JEN-te
  Vor A, O, U klingen sie normal:
  casa (Haus) – KA-sa, gatto (Katze) – GA-tto

- **GN: Wie das italienische „gn", im Deutschen ähnlich wie „nj" ausgesprochen**

Beispiel: gnocchi (Gnocchi) – NJO-ki

- **SC: Vor E, I klingt wie „sch"**
  Beispiel: pesce (Fisch) – PE-sche

Übung: Sprich laut: „Mangio gli gnocchi con il pesce"
(Ich esse Gnocchi mit Fisch)

3. Betonung: Der Rhythmus des Liedes

- **Im Allgemeinen liegt die Betonung auf der vorletzten Silbe:**

- **gelato (gefroren) – ye-LA-to**

- **capire (verstehen) – ka-PI-re**

Ausnahmen haben einen geschriebenen Akzent:

- **città (Stadt) – tschit-TA**

- **caffè (Kaffee) – kaf-FE**

Übung: Betone richtig: „Vado in città per un caffè"
(Ich gehe in die Stadt für einen Kaffee)

4. Doppelte Konsonanten: Die italienische Intensität

Sie werden länger ausgesprochen, wie eine kleine Pause:

- **pizza – PIT-tza (nicht „pi-tza")**

- **anno (Jahr) – AN-no (nicht „a-no")**

Übung: Spüre den Unterschied: „Ho otto gatti" (Ich habe acht Katzen)

5. Musikalität: Die Seele des Italienischen
Das Italienische fließt wie eine Melodie. Scheue dich nicht, die Intonation ruhig ein wenig zu übertreiben:

- **Ciao, come stai? (Hallo, wie geht's dir?) – CHAO, KO-me STAI?**

Letzter Tipp: Hören, Nachsprechen, Genießen.

Die beste Methode, um besser zu werden, ist Zuhören und Wiederholen. Nutze italienische Lieder, Filme oder Podcasts. Mach dir keine Sorgen, wenn du am Anfang nicht perfekt klingst. Denk daran, selbst große Sänger üben jeden Tag.

Übe diesen musikalischen Satz: „La dolce vita è imparare l'italiano!" (Das süße Leben ist, Italienisch zu lernen!)

Mit diesen Grundlagen bist du bereit, deine klangvolle Reise durch das Italienische zu beginnen. Buona fortuna e divertiti!

Die Fundamente: Bauen Sie Ihre italienische Basis auf

2.1 *Erste Schritte: Begrüssung und Einführung*

Benvenuti nel mondo italiano! Willkommen in der italienischen Welt. Hast du schon einmal versucht, ein Kartenhaus zu bauen? So ist das Italienischlernen: Jedes Wort ist eine Karte, und dieses Kapitel zeigt dir, wie du sie so platzierst, dass alles stabil bleibt. Mach dich bereit, dein Italienisch von Grund auf aufzubauen. Bist du bereit? Andiamo! (Los geht's!)

1. Grüße: Dein sprachlicher Reisepass

Grüße sind wie magische Schlüssel, die Türen zu neuen Freundschaften öffnen. Beherrschst du sie, wirst du sehen, wie dir italienische Lächeln begegnen.

- **a) Ciao! [chao] – Hallo! / Tschüss!**
  Vielseitig wie ein Schweizer Taschenmesser: „ciao" kannst du sowohl zur Begrüßung als auch zum Abschied verwenden. Es ist informell, also nutze es mit Freunden oder in lockeren Situationen.

- **b) Salve! [SAL-ve] – Hallo!**
  Ein neutraler Gruß, perfekt, wenn du dir bei der Förmlichkeit der Situation nicht sicher bist.

- **c) Buongiorno [bwon-JIOR-no] – Guten Morgen**
  Verwende es vom Sonnenaufgang bis zum Mittag. Die Italiener sind bei ihren Grüßen sehr genau.

- **d) Buonpomeriggio / Buonasera [bwona-SE-ra] – Guten Tag / Guten Abend**
  Perfekt ab dem Nachmittag bis zum Schlafengehen. Ja, „buonasera" wird sogar noch um 23 Uhr benutzt.

- **e) Arrivederci [a-rri-ve-DER-chi] – Auf Wiedersehen**
  Eine formelle und höfliche Verabschiedung. Nutze sie, wenn du dich zum Beispiel von deinem Italienischlehrer verabschiedest.

- **f) A presto! [a PRES-to] – Bis bald!**
  Eine freundliche Verabschiedung, die andeutet, dass du die Person bald wiedersehen wirst.

Übung: Sprich jeden Gruß dreimal laut aus. Stell dir verschiedene Situationen vor: Du betrittst ein Café, verabschiedest dich von einem neuen Freund oder begrüßt deinen Italienischlehrer.

2. Präsentationen: Deine verbale Visitenkarte
Jetzt, wo du gegrüßt hast, ist es Zeit, dich vorzustellen. Mach dich bereit, bei deinem italienischen Debüt zu glänzen.

- **a) Come ti chiami? [KO-me ti KIA-mi] – Wie heißt du? (informell)**
  Come si chiama? [KO-me si KIA-ma] – Wie heißen Sie? (formell)

- **b) Mi chiamo... [mi KIA-mo] – Ich heiße...**
  Io sono... [io SO-no] – Ich bin...
  Beide Formen sind korrekt. Wähle die, die dir am angenehmsten ist.

- **c) Piacere [pia-CHE-re] – Freut mich**
  Piacere di conoscerti [pia-CHE-re di co-NO-sher-ti] – Freut mich, dich kennenzulernen.

- **d) Di dove sei? [di DO-ve sei] – Woher kommst du? (informell)**
  Di dov'è? [di do-VE] – Woher kommen Sie? (formell)

- **e) Sono di... [SO-no di] – Ich komme aus...**
  Vengo da... [VEN-go da] – Ich komme aus...

Übung: Stell dich laut vor. Sag deinen Namen, woher du kommst und dass du dich freust, jemanden kennenzulernen.

3. Nützliche Sätze: Deine ersten Werkzeuge für Gespräche
Diese Sätze helfen dir, das Gespräch fließen zu lassen wie Wein bei einem italienischen Abendessen.

- **a) Come stai? [KO-me stai] – Wie geht's dir? (informell)**
  Come sta? [KO-me sta] – Wie geht es Ihnen? (formell)

- **b) Bene, grazie. E tu? [BE-ne, GRA-tsie. e tu] – Gut, danke. Und dir?**
  Non c'è male [non che MA-le] – Nicht schlecht

- **c) Non capisco [non ka-PIS-ko] – Ich verstehe nicht**
  Puoi ripetere, per favore? [pwoi ri-PE-te-re, per fa-VO-re] – Kannst du das bitte wiederholen?

- **d) Parli inglese? [PAR-li in-GLE-se] – Sprichst du Englisch? (informell)**
  Parla inglese? [PAR-la in-GLE-se] – Sprechen Sie Englisch? (formell)

- **e) Scusi [SKU-zi] – Entschuldigung**
  Permesso [per-ME-sso] – Darf ich?
  Übung: Erstelle kleine Dialoge mit diesen Sätzen. Zum Beispiel: „Scusi, non capisco. Puoi ripetere, per favore?"

- **Übung:** Ein Treffen auf dem Zentralmarkt von Florenz Stell dir vor, du bist auf dem geschäftigen Mercato Centrale von Florenz. Es ist später Vormittag und du entscheidest dich, mit einem lokalen Verkäufer zu sprechen. Vervollständige den Dialog mit den Sätzen aus der Tabelle:

- **Du: __________ (1)**
  Verkäufer: Buongiorno! Benvenuto al mercato. Cerca qualcosa in particolare? (Guten Tag! Willkommen auf dem Markt. Suchen Sie etwas Bestimmtes?)

- **Du: __________ (2)**
  Verkäufer: Ah, è la Sua prima volta qui! Da dove viene?
  (Ah, es ist Ihr erstes Mal hier! Woher kommen Sie?)

- **Du: __________ (3)**
  Verkäufer: Che bello! Le piace l'Italia finora?
  (Wie schön! Gefällt Ihnen Italien bisher?)

- **Du: __________ (4)**
  Verkäufer: Sono contento che Le piaccia. Ha già assaggiato qualche specialità toscana? (Ich freue mich, dass es Ihnen gefällt. Haben Sie schon eine toskanische Spezialität probiert?)

- **Du: __________ (5)**
  Verkäufer: Allora deve assolutamente provare il nostro pecorino e il prosciutto toscano. Vuole un assaggio? (Dann müssen Sie unbedingt unseren Pecorino und den toskanischen Schinken probieren. Möchten Sie eine Kostprobe?)

- **Du: __________ (6)**
  Verkäufer: Ecco, provi questo. Che ne pensa?
  (Hier, probieren Sie das. Was meinen Sie?)

- **Du: __________ (7)**
  Verkäufer: Sono felice che Le piaccia! Vuole comprarne un po'? (Ich freue mich, dass es Ihnen schmeckt! Möchten Sie etwas davon kaufen?)

- **Du: __________ (8)**
  Verkäufer: Ottimo! Glielo preparo subito. Ha in programma di visitare altri posti a Firenze? (Ausgezeichnet! Ich bereite es Ihnen sofort vor. Haben Sie vor, noch andere Orte in Florenz zu besuchen?)

- **Du: __________ (9)**
  Verkäufer: Le consiglio anche di fare una passeggiata sul Ponte Vecchio al tramonto, è spettacolare! (Ich empfehle Ihnen auch, bei Sonnenuntergang über die Ponte Vecchio zu spazieren, das ist spektakulär!)

- **Du: __________ (10)**
  Verkäufer: Prego! Buona permanenza a Firenze e torni a trovarci! (Gern geschehen! Ich wünsche Ihnen einen angenehmen Aufenthalt in Florenz und kommen Sie uns wieder besuchen!)

Antworten auf Italienisch
1) Buongiorno! È un mercato bellissimo.
2) Grazie! In realtà, è la mia prima volta qui e sto solo guardando.
3) Vengo da [deiner Stadt/deinem Land]. Sono in vacanza in Italia per due settimane.
4) Sì, l'Italia è meravigliosa! Adoro l'architettura e il cibo è delizioso.
5) Non ancora, ma sono ansioso/a di provare i piatti locali. Cosa mi consiglia?
6) Sì, grazie! Sono curioso/a di assaggiare.
7) È delizioso! Non ho mai assaggiato un formaggio così buono.
8) Sì, per favore. Ne prendo 200 grammi di entrambi.
9) Sì, voglio visitare gli Uffizi e il Duomo. Ha altri suggerimenti?
10) Grazie mille per i consigli e per la Sua gentilezza. Arrivederci!

Übersetzung ins Deutsche
Guten Tag! Es ist ein wunderschöner Markt.
Danke! Eigentlich bin ich zum ersten Mal hier und schaue mich nur um.
Ich komme aus [deiner Stadt/deinem Land]. Ich mache zwei Wochen Urlaub in Italien.
Ja, Italien ist wunderbar! Ich liebe die Architektur und das Essen ist köstlich.
Noch nicht, aber ich bin gespannt darauf, die lokalen Gerichte zu probieren. Was empfehlen Sie mir?
Ja, danke! Ich bin neugierig zu probieren.
Es ist köstlich! Ich habe noch nie einen so guten Käse probiert.
Ja, bitte. Ich nehme 200 Gramm von jedem.
Ja, ich möchte die Uffizien und den Dom besichtigen. Haben Sie weitere Empfehlungen?
Vielen Dank für die Ratschläge und Ihre Freundlichkeit. Auf Wiedersehen!

2.2 Das "Ich" und das "Du": Pronomen für Personen und Besitz

1. Personalpronomen: Die Hauptdarsteller

Das sind diejenigen, die in deinen Sätzen die Hauptrolle spielen. Sie sind wie die verschiedenen Geschmacksrichtungen von Gelato: Jeder hat seinen ganz besonderen Platz.

- **Io (Ich): „Io mangio la pizza"** (Ich esse die Pizza)
- **Tu (Du, informell): „Tu parli italiano molto bene"** (Du sprichst sehr gut Italienisch)
- **Lei (Sie, formell): „Lei è molto gentile"** (Sie sind sehr freundlich)
- **Lui (Er): „Lui è di Roma"** (Er ist aus Rom)
- **Lei (Sie): „Lei studia arte"** (Sie studiert Kunst)
- **Noi (Wir): „Noi andiamo al cinema"** (Wir gehen ins Kino)
- **Voi (Ihr/Sie, Mehrzahl): „Voi siete turisti?"** (Seid ihr Touristen?)
- **Loro (Sie, Mehrzahl): „Loro bevono caffè" (Sie trinken Kaffee)**

Tipp: Im Italienischen werden diese Pronomen oft weggelassen, weil die Verbendung bereits anzeigt, wer die Handlung ausführt. Es ist, als würde das Verb ein kleines Schild tragen, auf dem steht: „Hey, ich weiß, wer ich bin!"

2. Possessivpronomen: Die Besitzer der Bühne

Diese Pronomen sind wie die Kellner in einem italienischen Restaurant: Sie zeigen immer an, wem etwas gehört.

- **Mio/Mia/Miei/Mie (Mein/Meine): „Questo è il mio libro"** (Das ist mein Buch)
- **Tuo/Tua/Tuoi/Tue (Dein/Deine): „Dov'è la tua macchina?"** (Wo ist dein Auto?)
- **Suo/Sua/Suoi/Sue (Sein/Ihr/Ihre – von ihm/ihr/Ihnen): „Il suo cane è carino"** (Sein Hund ist süß)
- **Nostro/Nostra/Nostri/Nostre (Unser/e): „La nostra casa è grande"** (Unser Haus ist groß)

- **Vostro/Vostra/Vostri/Vostre (Euer/eure): „I vostri figli sono simpatici"**
  (Eure Kinder sind sympathisch)

- **Loro (Ihr/Ihre – von ihnen): „Il loro ristorante è famoso"**
  (Ihr Restaurant ist berühmt)

Hinweis: Die Possessivpronomen im Italienischen sind wie Chamäleons, sie verändern sich je nach Geschlecht und Anzahl des besessenen Objekts (NICHT des Besitzers).

3. Übung im Alltag

Stell dir vor, du bist auf einer typischen italienischen „piazza". Lass uns diese Pronomen in Alltagssituationen verwenden:

- **a) Im Café:**
  „Il mio cappuccino è freddo, il tuo è caldo?"
  (Mein Cappuccino ist kalt, ist deiner warm?)

- **b) Beim Kleidungskauf:**
  „Questa è la mia taglia, qual è la sua?"
  (Das ist meine Größe, welche ist Ihre?)

- **c) Im Park:**
  „I nostri cani giocano insieme, il loro sembra stanco"
  (Unsere Hunde spielen zusammen, ihrer scheint müde zu sein)

- **d) Eine Reise planen:**
  „Noi partiamo lunedì, voi quando partite?"
  (Wir fahren am Montag ab, wann fahrt ihr ab?)

Ist jetzt eine Übung dran?

4. Abschließende Übung: La Festa di Compleanno (Die Geburtstagsfeier) Vervollständige die Sätze mit dem richtigen Personal- oder Possessivpronomen:

- _____ (Ich) ho organizzato una festa per il _____ (mein) compleanno.
- _____ (Du) porti il _____ (dein) famoso tiramisù?
- Maria dice che _____ (sie) porterà il _____ (ihr) ragazzo alla festa.
- _____ (Wir) abbiamo invitato tutti i _____ (unsere) amici.
- _____ (Ihr) venite con le _____ (eure) famiglie?
- _____ (Sie) arriveranno con il _____ (ihr) regalo.

Risposte	Übersetzung ins Deutsche
1. Io	Ich
2. mio	mein
3. Tu	Du
4. tuo	dein
5. lei	sie
6. suo	ihr/seine
7. Noi	Wir
8. nostri	unsere
9. Voi	Ihr
10. vostre	eure
11. Loro	Sie (Plural)
12. loro	ihr/deren

- **Vollständige Übersetzung der Sätze:**

Ich habe eine Feier zu meinem Geburtstag organisiert.
Bringst du dein berühmtes Tiramisu mit?
Maria sagt, dass sie ihren Freund zur Feier mitbringen wird.
Wir haben alle unsere Freunde eingeladen.
Kommt ihr mit euren Familien?
Sie werden mit ihrem Geschenk kommen.

2.3 DER WELT EINE FORM GEBEN. ARTIKEL UND SUBSTANTIVE.

Die Artikel und Substantive sind wie das Brot und die Tomate einer guten Bruschetta: Zusammen schaffen sie Bedeutung und Struktur. Im Italienischen braucht jedes Substantiv (Person, Ort, Gegenstand oder Idee) einen Artikel, der es begleitet. Lass uns entdecken, wie man sie kombiniert!

1. Bestimmte Artikel: „Der, Die, Das, Die (Plural)"

Im Italienischen sind die bestimmten Artikel wie kleine Schilder, die auf etwas Bestimmtes hinweisen. Stell sie dir wie den Maître in einem italienischen Restaurant vor, der jedes Gericht mit Präzision präsentiert.

Italiano	Deutsch	Beispiel (Übersetzung)
il (masc. sing.)	der	Il sole splende (Die Sonne scheint)
la (fem. sing.)	die	La luna è bella (Der Mond ist schön)
i (masc. plur.)	die	I gatti dormono (Die Katzen schlafen)
le (fem. plur.)	die	Le stelle brillano (Die Sterne leuchten)

Sehen wir uns an, wie sie funktionieren:

Italiano	Besonderer Gebrauch	Beispiel (Übersetzung)
lo (masc. sing.)	Vor s+Konsonant, z, gn, ps	Lo zaino è pesante (Der Rucksack ist schwer)
gli (masc. plur.)	Vor s+Konsonant, z, gn, ps, Vokalen	Gli studenti studiano (Die Studenten lernen)
l' (sing.)	Vor Vokal oder stummem h	L'amico è qui (Der Freund ist hier)
		L'amica è simpatica (Die Freundin ist sympathisch)

- Aber Vorsicht! Das Italienische hat einige Tricks im Ärmel:

- **Beispiele aus dem Alltag:**

- **Im Café:**
„Il caffè è pronto" (Der Kaffee ist fertig)
„La pasta è deliziosa" (Die Pasta ist köstlich)

- **Auf der Straße:**
„I negozi sono chiusi" (Die Geschäfte sind geschlossen)
„Le macchine vanno veloci" (Die Autos fahren schnell)

Praktischer Tipp: Denk an die Artikel wie an kleine Helfer, die dir immer anzeigen, ob ein Substantiv maskulin oder feminin ist und ob es im Singular oder Plural steht.

1. Unbestimmte Artikel: „Un, Una, Unos, Unas"

Die unbestimmten Artikel sind wie die geheimnisvollen Gäste auf einer italienischen Feier: Sie sind nicht spezifisch, aber sie bringen Farbe und Leben ins Gespräch. Sie sind die weniger formellen Verwandten der bestimmten Artikel.

- **Haupttabelle der unbestimmten Artikel Verwendungsregeln**

Italiano	Deutsch	Beispiel (Übersetzung)
un (masc.)	ein	Un caffè, per favore (Ein Kaffee, bitte)
una (fem.)	eine	Una pizza margherita (Eine Pizza Margherita)
uno (masc. especial)	ein	Uno studente intelligente (Ein intelligenter Student)
un' (fem. ante vocal)	eine	Un'amica speciale (Eine besondere Freundin)
dei/degli (plur. masc.)	einige	Dei libri interessanti (Einige interessante Bücher)
delle (plur. fem.)	einige	Delle ragazze simpatiche (Einige sympathische Mädchen)

- **Grundlegende Verwendung**
  Wird verwendet, um über etwas Unspezifisches oder zum ersten Mal zu sprechen.Entspricht „ein/eine" auf Deutsch.

- **Beispiele:**

  - Ho comprato un libro (Ich habe ein Buch gekauft)
  - Vorrei una mela (Ich hätte gern einen Apfel)

2. Besondere Fälle

- Substantive, die beginnen mit:
- S + Konsonant
- Z
- GN
- PS

Fall	Beispiel	Übersetzung
Maskulin	Uno zaino	Eine Tasche
Maskulin Plural	Degli zii	Einige Onkel
Feminin	Un'amica	Eine Freundin

- **Alltägliche Situationen**

Im Restaurant:

- „Vorrei un espresso" (Ich hätte gern einen Espresso)
- „Una bottiglia d'acqua, per favore" (Eine Flasche Wasser, bitte)

Beim Einkaufen:

- „Cerco un paio di scarpe" (Ich suche ein Paar Schuhe)
- „Vorrei delle magliette" (Ich hätte gern ein paar T-Shirts)

3. Substantive: Genus und Numerus

Im Italienischen hat, wie bei einem guten Pastagericht, jede Zutat ihre Rolle. Substantive haben ein grammatisches Geschlecht (maskulin oder feminin) und eine Zahl (Singular oder Plural). Lassen Sie uns diese „grammatischen Rezepte" erkunden:

- **Genus**

- **1. Maskulin:**
  - Enden im Allgemeinen auf -o
  - Beispiel: il libro (das Buch), il tavolo (der Tisch)

- **2. Feminin:**
  - Enden im Allgemeinen auf -a
  - Beispiel: la casa (das Haus), la pizza (die Pizza)

- **3. Numerus**

- **1. Vom Singular zum Plural:**
  - Maskulin: -o ⟶ -i
  - Beispiel: il ragazzo (der Junge) ⟶ i ragazzi (die Jungen)

  - Feminin: -a ⟶ -e
  - Beispiel: la ragazza (das Mädchen) ⟶ le ragazze (die Mädchen)

- **Ausnahmen und besondere Fälle**
  - Wörter, die auf -e enden:
  - Können maskulin oder feminin sein
  - Plural: -e ⟶ -i

- **Beispiele:**
  - il cane (der Hund) ⟶ i cani (die Hunde)
  - la notte (die Nacht) ⟶ le notti (die Nächte)

- **2. Maskulina auf -a:**
  - Plural: -a ⟶ -i
  - Beispiel: il problema (das Problem) ⟶ i problemi (die Probleme)

- **Feminina auf -o:**
  - Oft ändern sie sich im Plural nicht
  - Beispiel: la radio (das Radio) ⟶ le radio (die Radios)

4. Fremdwörter:

- In der Regel ändern sie sich im Plural nicht.
- Beispiel: il bar (die Bar) ⟶ i bar (die Bars)

Endung	Genus	Singular	Plural	Beispiel
-o	Maskulin	-o	-i	il gelato → i gelati
-a	Feminin	-a	-e	la pasta → le paste
-e	Beide	-e	-i	il fiore → i fiori / la chiave → le chiavi
-a (mask.)	Maskulin	-a	-i	il poeta → i poeti
-o (fem.)	Feminin	-o	-o	la mano → le mani

- **Zusammenfassungstabelle**

Alltägliche Praxis: Unbestimmte Artikel in Alltagssituationen
Die unbestimmten Artikel im Italienischen sind wie Gewürze, die deinen Alltagsgesprächen Geschmack verleihen. Hier findest du einige praktische Situationen, um sie zu meistern:

- **Im Café**
    - „Vorrei un caffè, per favore" (Ich hätte gern einen Kaffee, bitte)
    - „Una brioche, grazie" (Ein Croissant, danke)
- **Beim Einkaufen**
    - „Cerco uno zaino nuovo" (Ich suche einen neuen Rucksack)
    - „Un paio di scarpe, per favore" (Ein Paar Schuhe, bitte)
- **Sich vorstellen**
    - „Sono un insegnante" (Ich bin Lehrer)
    - „Ho un'amica speciale" (Ich habe eine besondere Freundin)
- **Auf der Straße**
    - „Ho visto uno studente straniero" (Ich habe einen ausländischen Studenten gesehen)
    - „Una bella giornata, oggi!" (Ein schöner Tag heute!)

5. Vollständige Übung: Artikel und Substantive auf Italienisch

Vervollständige die folgenden Sätze mit dem richtigen (bestimmten oder unbestimmten) Artikel und Substantiv. Achte auf Genus und Numerus.

- **Vorrei _____ _____ di caffè, per favore. (Ich hätte gern _____ _____ Kaffee, bitte.)**

[una tazza / un tazza / uno tazzo]

- **_____ studenti sono in _____ biblioteca. (_____ Studenten sind in der _____ Bibliothek.)**

[Gli / I / Le] [la / il / lo]

- **Ho comprato _____ _____ nuove per _____ festa. (Ich habe _____ _____ neue für die _____ Feier gekauft.)**

[dei scarpe / delle scarpe / uno scarpe] [il / la / lo]

- **_____ problemi sono difficili, ma _____ soluzioni sono possibili. (_____ Probleme sind schwierig, aber _____ Lösungen sind möglich.)**

[I / Gli / Le] [le / i / gli]

- **_____ amica mi ha regalato _____ libro interessante. (_____ Freundin hat mir ein _____ interessantes Buch geschenkt.)**

  [Un' / Una / Uno] [un / uno / una]

- **Abbiamo visto _____ _____ al parco. (Wir haben _____ _____ im Park gesehen.)**

[un gatti / dei gatti / delle gatte]

- **_____ notte è tranquilla e _____ stelle brillano. (_____ Nacht ist ruhig und _____ Sterne leuchten.)**

  [Il / La / Lo] [le / i / gli]

- **Ho bisogno di _____ _____ d'acqua. (Ich brauche _____ _____ Wasser.)**

[un bicchiere / una bicchiere / uno bicchiere]

2.4 Die Säulen der Sprache: „Essere“ und „Avere“

Willkommen in der Küche der italienischen Grammatik! Heute bereiten wir zwei essentielle Zutaten zu: 'essere' (sein) und 'avere' (haben).Diese Verben sind wie Olivenöl und Knoblauch in der italienischen Küche:Sie sind in fast jedem Gericht enthalten!

1. Das Verb 'Essere' (Sein)

'Essere' ist wie der Hauptkoch in deiner sprachlichen Küche. Du wirst es verwenden, um zu beschreiben, wie Dinge sind oder wo sie sich befinden.

Italiano	Deutsch
Io sono	Ich bin
Tu sei	Du bist
Lui/Lei è	Er/Sie ist
Noi siamo	Wir sind
Voi siete	Ihr seid
Loro sono	Sie sind

- **Konjugation im Präsens:**
- **Alltägliche Beispiele:**
    - „Io sono italiano“ (Ich bin Italiener)
    - „La pizza è buona“ (Die Pizza ist lecker)
    - „Noi siamo a Roma“ (Wir sind in Rom)

2. Das Verb 'Avere' (Haben)

'Avere' ist wie dein liebster Küchenhelfer. Du wirst es verwenden, um Besitz auszudrücken oder zusammengesetzte Zeiten zu bilden.

- **Konjugation im Präsens:**

Italiano	Deutsch
Io ho	Ich habe
Tu hai	Du hast
Lui/Lei ha	Er/Sie hat
Noi abbiamo	Wir haben
Voi avete	Ihr habt
Loro hanno	Sie haben

- **Alltägliche Beispiele:**
  - **„Ho fame"** (Ich habe Hunger)
  - **„Hai una penna?"** (Hast du einen Stift?)
  - **„Abbiamo una casa in Italia"** (Wir haben ein Haus in Italien)

- **Besondere Verwendungen**
- **a) 'Avere' für das Alter:**
  - **„Quanti anni hai?" – „Io ho 25 anni"**
  (Wie alt bist du? – Ich bin 25 Jahre alt)

- **b) 'Avere' für Redewendungen:**
  - **„Ho caldo"** (Mir ist warm)
  - **„Ho sonno"** (Ich bin müde)

3. Praktische Übung

- **Vervollständige die Sätze mit 'essere' oder 'avere' in der richtigen Form:**

  - Io _____ felice. (_____ glücklich)
  - Tu _____ un cane? (_____ einen Hund?)
  - Noi _____ in vacanza. (_____ im Urlaub)
  - Loro _____ due figli. (_____ zwei Kinder)
  - Voi _____ italiani? (_____ Italiener?)

Buchstabe	Antwort auf Italienisch	Übersetzung ins Deutsche
1	siete	ihr seid
2	hanno	sie haben
3	hai	du hast
4	sono	ich bin
5	siamo	wir sind

- **Antworttabelle:**

Jetzt kannst du versuchen, jede Nummer der Übung mit dem entsprechenden Buchstaben in der Antworttabelle zu verbinden. Viel Erfolg!

2.5 Bring Farbe in dein Leben. Zahlen, Farben und Wochentage.

¡Benvenuti a un mondo di colori, numeri e giorni! (Willkommen in einer Welt voller Farben, Zahlen und Wochentage!) Stell dir vor, du bereitest eine köstliche italienische Pizza zu. Die Zahlen sind die Zutaten, die Farben die Gewürze und die Wochentage – die perfekte Zeit, sie zu genießen! Lass uns diese wichtigen Bestandteile des Italienischen entdecken.

1. Numeri (Die Zahlen)

Die Zahlen auf Italienisch sind wie die Zutaten deiner Pizza.
Fangen wir mit den ersten 20 an!

- **0 - zero (null)**
- **1 - uno (eins)**
- **2 - due (zwei)**
- **3 - tre (drei)**
- **4 - quattro (vier)**
- **5 - cinque (fünf)**
- **6 - sei (sechs)**
- **7 - sette (sieben)**
- **8 - otto (acht)**
- **9 - nove (neun)**
- **10 - dieci (zehn)**
- **11 - undici (elf)**
- **12 - dodici (zwölf)**
- **13 - tredici (dreizehn)**
- **14 - quattordici (vierzehn)**
- **15 - quindici (fünfzehn)**
- **16 - sedici (sechzehn)**
- **17 - diciassette (siebzehn)**
- **18 - diciotto (achtzehn)**
- **19 - diciannove (neunzehn)**
- **20 - venti (zwanzig)**

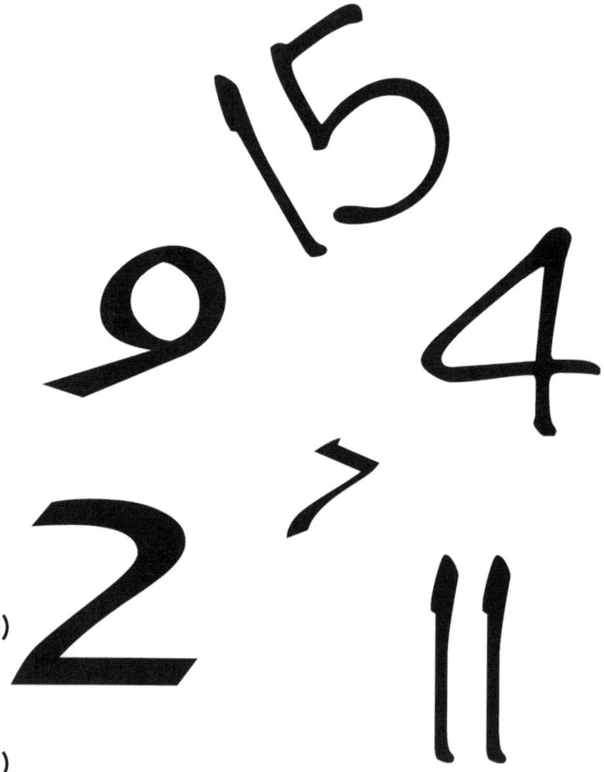

- Praktisches Beispiel:

„Vorrei due pizze e tre birre, per favore."
(Ich hätte gern zwei Pizzen und drei Bier, bitte.)

1. Colori (Die Farben)

Die Farben sind wie die Gewürze, die deiner sprachlichen Pizza Leben. Lernen wir die Grundfarben!

- **Rosso (Rot)**
- **Blu (Blau)**
- **Giallo (Gelb)**
- **Verde (Grün)**
- **Arancione (Orange)**
- **Viola (Violett)**
- **Bianco (Weiß)**
- **Nero (Schwarz)**
- **Marrone (Braun)**
- **Rosa (Rosa)**
- **Grigio (Grau)**

NERO

viola

BIANCO

Alltägliches Beispiel: „Mi piace la tua maglietta rossa."
(Ich mag dein rotes T-Shirt.)

2. Giorni della Settimana (Die Wochentage)

Die Wochentage sind wie die perfekten Momente, um verschiedene Pizzasorten zu genießen. Im Italienischen sind alle Wochentage maskulin und werden im Satzanfang nicht großgeschrieben.

- **Lunedì (Montag)**
- **Martedì (Dienstag)**
- **Mercoledì (Mittwoch)**
- **Giovedì (Donnerstag)**
- **Venerdì (Freitag)**
- **Sabato (Samstag)**
- **Domenica (Sonntag)**

Nützlicher Satz: „Ci vediamo venerdì per una pizza?"
(Sehen wir uns am Freitag auf eine Pizza?)

Mercoledì

Lunedì

Martedì Giovedì Venerdì

Sabato

Domenica

3. Praktische Übung

Vervollständige die Sätze mit der richtigen Zahl, Farbe oder dem richtigen Wochentag:

- Ho comprato _____ mele rosse. (Ich habe _____ rote Äpfel gekauft.)
- Il cielo oggi è _____. (Der Himmel ist heute _____.)
- _____ andiamo al cinema. (Am _____ gehen wir ins Kino.)
- Mi servono _____ uova per la torta. (Ich brauche _____ Eier für den Kuchen.)
- La mia macchina è di colore _____. (Mein Auto ist _____.)

Nummer	Antwort auf Italienisch	Übersetzung ins Deutsche
1	verde	grün
2	Sabato	Samstag
3	blu	blau
4	cinque	fünf
5	dodici	zwölf

2.6 DIE KUNST DER MÖGLICHKEIT: MODALVERBEN

¡Benvenuti al mondo dei verbi modali! (Willkommen in der Welt der Modalverben!) Diese Verben sind wie die Gewürze in der italienischen Küche: Sie verleihen unseren Sätzen Geschmack und Nuancen.
Im Italienischen sind die wichtigsten Modalverben:

- **Potere** (können)
- **Volere** (wollen)
- **Dovere** (müssen)
- **Sapere** (wissen, im Sinne von „fähig sein")

Sehen wir uns an, wie sie im Präsens konjugiert werden und wie man sie benutzt:

1. Potere (Können):

Italiano	Deutsch
Io posso	Ich kann
Tu puoi	Du kannst
Lui/Lei può	Er/Sie kann
Noi possiamo	Wir können
Voi potete	Ihr könnt
Loro possono	Sie können

Beispiel: „Posso avere un caffè, per favore?"
(Darf ich bitte einen Kaffee haben?)

2. Volere (Wollen):

Italiano	Deutsch
Io voglio	Ich will
Tu vuoi	Du willst
Lui/Lei vuole	Er/Sie will
Noi vogliamo	Wir wollen
Voi volete	Ihr wollt
Loro vogliono	Sie wollen

Beispiel: „Voglio imparare l'italiano" (Ich möchte Italienisch lernen)

3. Dovere (Müssen):

Italiano	Deutsch
Io devo	Ich muss
Tu devi	Du musst
Lui/Lei deve	Er/Sie muss
Noi dobbiamo	Wir müssen
Voi dovete	Ihr müsst
Loro devono	Sie müssen

Beispiel: „Devo andare al lavoro" (Ich muss zur Arbeit gehen)

4. Sapere (Wissen, im Sinne von „fähig sein"):

Italiano	Deutsch
Io so	Ich weiß
Tu sai	Du weißt
Lui/Lei sa	Er/Sie weiß
Noi sappiamo	Wir wissen
Voi sapete	Ihr wisst
Loro sanno	Sie wissen

Beispiel: „So parlare un po' di italiano" (Ich kann ein bisschen Italienisch sprechen)

- **Alltägliche Verwendung:**

  - Im Restaurant:
    „Posso avere il menu, per favore?"
    (Darf ich bitte die Speisekarte haben?)

  - Pläne machen:
    „Vuoi andare al cinema stasera?" (Möchtest du heute Abend ins Kino gehen?)

  - Bei der Arbeit:
    „Devo finire questo progetto entro venerdì"
    (Ich muss dieses Projekt bis Freitag fertigstellen)

  - Über Fähigkeiten sprechen:
„Sai cucinare la pasta?" (Kannst du Pasta kochen?)

5. Praktische Übung:

- _____ aiutarti con i compiti? (_____ dir bei den Hausaufgaben helfen?)
- Maria _____ visitare Roma. (Maria _____ Rom besuchen. .)
- _____ partire presto domani. (_____ morgen früh losfahren.)
- Non _____ guidare la macchina. (Nicht _____ das Auto fahren.)

Buchstabe	Antwort auf Italienisch	Übersetzung ins Deutsche
1	so	ich weiß
2	Dobbiamo	wir müssen
3	vuole	er/sie will
4	Posso	ich kann

2.7 Die Punkte verbinden: Artikulierte Präpositionen

Benvenuti al meraviglioso mondo delle preposizioni articolate! (Herzlich willkommen in der wunderbaren Welt der zusammengesetzten Präpositionen!) Stell dir diese Präpositionen wie den köstlichen, geschmolzenen Käse vor, der alle Zutaten auf einer perfekten italienischen Pizza miteinander verbindet. Sie sind die magische Kombination aus einfachen Präpositionen und bestimmten Artikeln und schaffen einen einzigartigen sprachlichen Geschmack. Lasst sie uns gemeinsam genießen!

1. Le Preposizioni Semplici (Die einfachen Präpositionen):
Zuerst erinnern wir uns an unsere Grundzutaten:

- a (nach/in) – Wie nach „a" Roma fahren
- di (von) – Das Kochbuch „di" cucina
- da (von/aus) – Ich komme „da" Milano
- in (in) – Ich bin „in" Italia
- su (auf) – Die Katze ist „su" tavolo

2. Gli Articoli Determinativi (Die bestimmten Artikel):
Jetzt, unsere perfekten Begleiter:

- il (der) – il cane (der Hund)
- lo (der, vor s+Konsonant, z, gn, ps) – lo zaino (der Rucksack)
- la (die) – la pizza (die Pizza)
- l' (der/die, vor Vokal) – l'amico (der Freund), l'amica (die Freundin)

Präposition	il	lo	la	l'	i	gli	le
a	al	allo	alla	all'	ai	agli	alle
di	del	dello	della	dell'	dei	degli	delle
da	dal	dallo	dalla	dall'	dai	dagli	dalle
in	nel	nello	nella	nell'	nei	negli	nelle
su	sul	sullo	sulla	sull'	sui	sugli	sulle

- i (die) – i gatti (die Katzen)

- gli (die, vor Vokalen und bestimmten Konsonanten) – gli amici (die Freunde)

- le (die) – le case (die Häuser)

3. Le Preposizioni Articolate (Die zusammengesetzten Präpositionen): Und jetzt geschieht die Magie! Wir kombinieren unsere Zutaten, um etwas Besonderes zu schaffen:

4. Übung zu den zusammengesetzten Präpositionen:

- La pasta è _____ tavolo. (Die Pasta ist _____ Tisch)
- Andiamo _____ spiaggia. (Wir gehen _____ Strand)
- Il regalo è _____ amici. (Das Geschenk ist _____ Freunde)
- Veniamo _____ montagna. (Wir kommen _____ Berg)
- Il caffè è _____ tazza. (Der Kaffee ist _____ Tasse)
- I turisti sono _____ museo. (Die Touristen sind _____ Museum)
- Le chiavi sono _____ porta. (Die Schlüssel sind _____ Tür)
- Parliamo _____ vacanze. (Wir sprechen _____ Ferien)
- Il gatto dorme _____ divano. (Die Katze schläft _____ Sofa)
- L'aereo vola _____ nuvole. (Das Flugzeug fliegt _____ Wolken)

- **Tabelle mit den Lösungen**

Buchstabe	Antwort auf Italienisch	Übersetzung ins Deutsche
1	sulle	auf die
2	sul	auf den
3	delle	von den
4	nel	im
5	sulla	auf die
6	degli	von den
7	dalla	von der
8	alla	zur
9	nella	in der
10	sulla	auf die

Leben auf Italienisch: Alltag Szenarien

¡Benvenuti a un viaggio attraverso la vita quotidiana italiana!
(Herzlich willkommen zu einer Reise durch das alltägliche Leben in Italien!)

Mach dich bereit, in fünf typische Szenen des schönen Italiens einzutauchen, jede in einfachem Italienisch erzählt und von ihrer deutschen Übersetzung begleitet. Diese kurzen Geschichten entführen dich mitten ins Herz der italienischen Kultur und lassen dich die Sprache genießen, als wärst du selbst vor Ort.

In „Sapori d'Italia: Al Ristorante" wirst du entdecken, wie man wie ein Einheimischer bestellt und deinen Gaumen mit authentischer italienischer Küche verwöhnt. „Avventure sui Binari: Alla Stazione" nimmt dich mit auf eine spannende Reise durch die italienischen Eisenbahnen und zeigt dir, wie du dich sicher fortbewegen kannst.

Mit „La Lista della Spesa: Al Supermercato" lernst du, dich in den mit italienischen Köstlichkeiten gefüllten Gängen zurechtzufinden, während dich „Cuidando tu Salud: Dal Medico" auf einen sprachlichen Notfall in medizinischen Situationen vorbereitet. Schließlich zeigt dir „Dolce Far Niente: Prenotando un Hotel", wie du die perfekte Unterkunft für dein dolce vita sicherst.

Jede Geschichte ist darauf ausgelegt, deinen Wortschatz zu bereichern und dein Hörverständnis für gesprochenes Italienisch in realen Situationen zu verbessern. Am Ende jeder Erzählung findest du eine vollständige Übersetzung ins Deutsche, damit du jedes Detail und jeden Ausdruck erfassen kannst. Mach dich bereit zu lachen, zu lernen und dich in Italien zu verlieben – und das alles, während du dein Italienisch verbesserst!
Andiamo insieme in questo viaggio linguistico!

(Lass uns gemeinsam auf diese sprachliche Reise gehen!)

3.1 Italiens Geschmäcker: Im Restaurant

Marco e sua moglie Giulia entrano nel ristorante "La Trattoria" nel cuore di Roma. L'aroma di basilico fresco e pomodori riempie l'aria. "Buonasera, avete un tavolo per due?" chiede Marco al cameriere. "Certamente, signore. Da questa parte, prego," risponde il cameriere, conducendoli a un tavolo accogliente vicino alla finestra.

Una volta seduti, il cameriere porta i menù e la carta dei vini. "Desiderate qualcosa da bere per iniziare?" domanda. Giulia sorride, "Un bicchiere di Prosecco, per favore." Marco aggiunge, "Per me un Negroni."

Mentre sfogliano il menù, Marco chiede, "Cosa ci consiglia come antipasto?" Il cameriere, con entusiasmo, suggerisce, "Il carpaccio di manzo è eccellente, e anche la bruschetta con pomodorini e mozzarella di bufala è molto apprezzata." "Perfetto," dice Giulia, "prenderemo entrambi."

Per il primo piatto, Marco sceglie gli spaghetti alla carbonara, mentre Giulia opta per le pappardelle al ragù di cinghiale. "E come secondo?" chiede il cameriere. Marco risponde, "L'ossobuco alla milanese per me." Giulia aggiunge, "Io prenderò il branzino al forno con patate."

Dopo aver gustato ogni portata con evidente piacere, arriva il momento del dolce. "Il tiramisù fatto in casa è la nostra specialità," suggerisce il cameriere. "Ne prenderemo uno da condividere," decide Marco.

Al termine della cena, Marco chiama il cameriere. "Il conto, per favore." Quando arriva il conto, Marco lascia una generosa mancia. "Grazie mille, la cena era squisita! Complimenti allo chef," esclama mentre si alzano per uscire.

"Arrivederci e grazie," saluta il cameriere. "Speriamo di rivedervi presto!"

- **Übersetzung ins Deutsche**

Marco und seine Frau Giulia betreten das Restaurant „La Trattoria" im Herzen von Rom. Der Duft von frischem Basilikum und Tomaten erfüllt die Luft.„Guten Abend, haben Sie einen Tisch für zwei?" fragt Marco den Kellner.„Natürlich, mein Herr. Bitte hier entlang," antwortet der Kellner und führt sie zu einem gemütlichen Tisch am Fenster.

Nachdem sie Platz genommen haben, bringt der Kellner die Speisekarten und die Weinkarte.„Möchten Sie zu Beginn etwas trinken?" fragt er. Giulia lächelt,„Ein Glas Prosecco, bitte." Marco ergänzt: „Für mich einen Negroni."

Während sie die Speisekarte durchblättern, fragt Marco: „Was empfehlen Sie uns als Vorspeise?" Der Kellner schlägt begeistert vor: „Das Rindercarpaccio ist ausgezeichnet, und auch die Bruschetta mit Kirschtomaten und Büffelmozzarella ist sehr beliebt." „Perfekt", sagt Giulia, „wir nehmen beides."Als ersten Gang wählt Marco Spaghetti alla Carbonara, während Giulia sich für Pappardelle mit Wildschweinragout entscheidet.

„Und als Hauptgang?" fragt der Kellner. Marco antwortet: „Für mich das Ossobuco alla milanese." Giulia fügt hinzu: „Ich nehme den im Ofen gebackenen Wolfsbarsch mit Kartoffeln."Nachdem sie jede Speise mit sichtlichem Genuss probiert haben, ist es Zeit für das Dessert.

„Das hausgemachte Tiramisu ist unsere Spezialität", schlägt der Kellner vor. „Wir nehmen eines zum Teilen", entscheidet Marco.Am Ende des Abendessens ruft Marco den Kellner. „Die Rechnung, bitte."Als die Rechnung kommt, lässt Marco ein großzügiges Trinkgeld da.„Vielen Dank, das Abendessen war vorzüglich! Kompliment an den Koch", ruft er, während sie aufstehen, um zu gehen.

„Auf Wiedersehen und danke", verabschiedet sich der Kellner. „Wir hoffen, Sie bald wiederzusehen!"

1. Leseverständnisübung:

- **Was bestellen Marco und Giulia als Vorspeise?**

  - a) Nur Rindercarpaccio

  - b) Nur Bruschetta

  - c) Beides)

- **Welchen Wein wählt Giulia?**
  - a) Negroni
  - b) Prosecco
  - c) Rotwein
- **Welches Hauptgericht bestellt Marco?**
  - a) Im Ofen gebackener Wolfsbarsch
  - b) Ossobuco alla milanese
  - c) Pappardelle mit Ragù
- **Was nehmen sie als Dessert?**
  - a) Eis
  - b) Tiramisu zum Teilen
  - c) Panna cotta
- **Wie beschreiben sie das Abendessen am Ende?**
  - a) Köstlich
  - b) Normal
  - c) Enttäuschend)

3.2 *Abenteuer auf Schienen: Am Bahnhof*

Luca arriva di corsa alla stazione centrale di Milano. È in ritardo e deve prendere il treno per Roma. Si affretta verso il grande tabellone delle partenze, scrutando tra i numerosi orari. "Eccolo! Roma, binario 7, parte tra 15 minuti. Perfetto!" pensa, sentendosi sollevato.

Si dirige rapidamente verso la biglietteria, unendosi alla coda. Quando arriva il suo turno, dice all'impiegato: "Buongiorno, vorrei un biglietto per Roma, per favore." L'impiegato risponde cortesemente: "Certamente. Andata e ritorno o solo andata?" Luca, controllando l'orologio, risponde: "Solo andata, in seconda classe. E, se possibile, vorrei un posto vicino al finestrino."

Dopo aver pagato e ricevuto il biglietto, Luca si affretta verso il binario indicato. Lungo il percorso, vede un chiosco e decide di comprare un panino e una bottiglia d'acqua per il viaggio. "Un panino al prosciutto e una bottiglietta d'acqua, per favore," dice al venditore.

Arrivato al binario, nota il controllore e gli si avvicina. "Scusi, è questo il treno per Roma?" chiede per sicurezza. Il controllore annuisce, "Sì, signore. Ma si affretti, stiamo per partire. Le carrozze di seconda classe sono in fondo."

Luca sale sul treno e inizia a cercare il suo posto. Passando per il corridoio, chiede a una signora: "Mi scusi, sa dirmi dov'è la carrozza 5?" La signora sorride e indica avanti: "È la prossima, deve proseguire."

Finalmente, Luca trova il suo posto. "Scusi, è libero questo posto?" chiede a un signore seduto accanto. "Sì, prego, si accomodi," risponde l'uomo, spostando la sua borsa.

Luca si siede, sistemando la valigia nello scomparto sopra di lui. Proprio mentre si sta mettendo comodo, sente l'altoparlante del treno: "Signori passeggeri, benvenuti sul treno diretto a Roma. Il viaggio durerà circa 3 ore e la nostra prossima fermata sarà Bologna Centrale. Vi ricordiamo che il vagone ristorante si trova nella carrozza numero 8. Buon viaggio."

Luca sorride, felice di essere riuscito a prendere il treno in tempo. Guarda fuori dal finestrino mentre il treno lascia lentamente la stazione, pronto per la sua avventura verso la Città Eterna.

- **Übersetzung ins Deutsche:**

Luca kommt eilig am Hauptbahnhof von Mailand an. Er ist verspätet und muss den Zug nach Rom nehmen. Er hastet zum großen Abfahrtstafel und sucht zwischen den zahlreichen Fahrplänen. „Da ist er! Rom, Gleis 7, fährt in 15 Minuten ab. Perfekt!", denkt er erleichtert.

Er geht schnell zum Fahrkartenschalter und stellt sich in die Schlange. Als er an der Reihe ist, sagt er zum Angestellten: „Guten Morgen, ich hätte gerne ein Ticket nach Rom, bitte." Der Angestellte antwortet höflich: „Natürlich. Hin- und Rückfahrt oder nur Hinfahrt?" Luca, der auf die Uhr schaut, antwortet: „Nur Hinfahrt, in der zweiten Klasse. Und, wenn möglich, hätte ich gerne einen Fensterplatz."

Nachdem er bezahlt und das Ticket erhalten hat, eilt Luca zum angegebenen Bahnsteig. Unterwegs sieht er einen Kiosk und beschließt, ein Sandwich und eine Flasche Wasser für die Reise zu kaufen. „Ein Schinkensandwich und eine kleine Flasche Wasser, bitte", sagt er zum Verkäufer.

Am Bahnsteig angekommen, bemerkt er den Schaffner und geht auf ihn zu. „Entschuldigen Sie, ist das der Zug nach Rom?" fragt er zur Sicherheit. Der Schaffner nickt: „Ja, mein Herr. Aber beeilen Sie sich, wir fahren gleich ab. Die Waggons der zweiten Klasse sind am Ende."

Luca steigt in den Zug und beginnt, seinen Platz zu suchen. Während er durch den Gang geht, fragt er eine Dame: „Entschuldigen Sie, wissen Sie, wo der Wagen 5 ist?" Die Dame lächelt und zeigt nach vorne: „Es ist der nächste, Sie müssen weitergehen."

Schließlich findet Luca seinen Platz. „Entschuldigen Sie, ist dieser Platz frei?" fragt er einen Herrn, der daneben sitzt. „Ja, bitte, setzen Sie sich", antwortet der Mann und stellt seine Tasche beiseite.

Luca setzt sich und legt seinen Koffer ins Gepäckfach über sich. Gerade als er es sich bequem macht, hört er die Lautsprecherdurchsage des Zuges:

„Sehr geehrte Fahrgäste, willkommen im Zug nach Rom. Die Fahrt dauert etwa 3 Stunden und unser nächster Halt ist Bologna Centrale. Wir erinnern Sie daran, dass sich der Speisewagen im Wagen Nummer 8 befindet. Gute Reise."

Luca lächelt, froh, den Zug rechtzeitig erwischt zu haben. Er schaut aus dem Fenster, während der Zug langsam den Bahnhof verlässt, bereit für sein Abenteuer in der Ewigen Stadt.

1. Leseverständnisübung:

- **Da dove parte Luca? (Wo fährt Luca ab?)**
  - a) Roma
  - b) **Milano** (Mailand)
  - c) **Bologna** (Bologna)

- **Che tipo di biglietto compra Luca? (Welche Art von Fahrkarte kauft Luca?)**
  - a) **Andata e ritorno** (Hin- und Rückfahrt)
  - b) **Solo andata** (Nur Hinfahrt)
  - c) **Abbonamento mensile** (Monatskarte)

- **Cosa compra Luca al chiosco? (Was kauft Luca am Kiosk?)**
  - a) **Un giornale e un caffè** (Eine Zeitung und einen Kaffee)
  - b) **Un panino e una bottiglia d'acqua** (Ein Sandwich und eine Flasche Wasser)
  - c) **Una rivista e un succo di frutta** (Eine Zeitschrift und einen Fruchtsaft)

- **In quale classe viaggia Luca? (In welcher Klasse reist Luca?)**
  - a) **Prima classe** (Erste Klasse)
  - b) **Seconda classe** (Zweite Klasse)
  - c) **Classe business** (Businessklasse)

- **Quanto durerà il viaggio verso Roma? (Wie lange dauert die Fahrt nach Rom?)**
  - a) **2 ore** (2 Stunden)
  - b) **3 ore** (3 Stunden)
  - c) **4 ore** (4 Stunden))

3.3 Die Einkaufsliste: für den Supermarkt.

Anna entra nel supermercato "Il Gigante" con la sua lista della spesa in mano e un carrello. Si ferma un momento per orientarsi e decide di iniziare dal reparto frutta e verdura. "Allora, vediamo," mormora, consultando la lista. "Mi servono delle mele, dei pomodori e dell'insalata." Sceglie con cura alcune mele rosse, pesandole sulla bilancia elettronica. "Un chilo di mele," annuisce soddisfatta.
Poi seleziona dei pomodori maturi e una fresca lattuga romana.
Notando un'offerta sulle zucchine, decide di aggiungerne alcune al carrello.

Proseguendo, Anna si dirige al banco del formaggio e della salumeria. C'è una piccola coda, quindi aspetta pazientemente il suo turno. "Buongiorno," saluta il commesso quando arriva il suo turno. "Vorrei 200 grammi di prosciutto crudo e una mozzarella di bufala, per favore." Mentre il commesso prepara l'ordine, Anna nota un'offerta speciale sul Parmigiano Reggiano stagionato 24 mesi.
"Mi aggiunga anche 100 grammi di quel Parmigiano, per favore," decide all'ultimo momento.

Nel reparto pasta, Anna si ferma davanti agli scaffali pieni di diverse varietà. "Un pacco di spaghetti e uno di penne rigate," dice tra sé, mettendoli nel carrello. Poi si ricorda: "Ah, non posso dimenticare il sugo di pomodoro!" Sceglie una bottiglia di passata di pomodoro e, vedendo un'offerta sul pesto alla genovese, ne prende un vasetto. Passando per il reparto bevande, Anna prende una bottiglia di vino rosso e un litro di latte fresco. Si ferma anche a prendere una confezione di caffè macinato per la moka.

Prima di dirigersi alle casse, Anna fa una deviazione verso il banco del pane. L'aroma del pane appena sfornato la attira. "Una baguette fresca e due rosette, per favore," chiede alla panettiera. Alla cassa, mentre mette i prodotti sul nastro, il cassiere le chiede:
"Buongiorno, signora. Ha la tessera fedeltà?" Anna annuisce e la mostra.
"Sì, eccola qui." Il cassiere la passa e inizia a scansionare gli articoli.
"Sono 42 euro e 75 centesimi in totale," dice il cassiere alla fine.
"Come desidera pagare?"

"Con la carta di credito, per favore," risponde Anna, estraendo la carta dal portafoglio.Dopo aver completato il pagamento, Anna sistema la spesa nelle sue borse riutilizzabili. Il cassiere le porge lo scontrino: "Ecco a lei. Grazie per aver scelto Il Gigante, le auguriamo una buona giornata!"

"Grazie mille, altrettanto!" risponde Anna con un sorriso, prendendo il carrello e dirigendosi verso l'uscita, soddisfatta della sua spesa.

- **Übersetzung ins Deutsche:**

Ana betritt den Supermarkt .El Gigante mit ihrer Einkaufsliste in der Hand und einem Einkaufswagen. Sie bleibt einen Moment stehen, um sich zu orientieren, und beschließt, mit der Obst- und Gemüseabteilung zu beginnen. Mal sehen", murmelt sie und schaut auf die Liste. Ich brauche Äpfel, Tomaten und Kopfsalat. Sorgfältig wählt sie einige rote Äpfel aus und wiegt sie auf der elektronischen Waage ab. Ein Kilo Äpfel, nickt sie zufrieden.Dann nimmt sie einige reife Tomaten und einen frischen Römersalat. Als sie ein Angebot für Zucchini bemerkt, entscheidet sie sich, einige in den Wagen zu legen.

Weiter geht Ana zur Käse- und Wursttheke. Es gibt eine kleine Schlange, also wartet sie geduldig auf ihren Platz. Guten Morgen, grüßt sie den Verkäufer, als sie an der Reihe ist. Ich hätte gerne 200 Gramm rohen Schinken und eine Büffelmozzarella, bitte. Während der Verkäufer die Bestellung vorbereitet, bemerkt Ana ein Sonderangebot für 24 Monate gereiften Parmigiano Reggiano. Geben Sie mir bitte auch 100 Gramm von diesem Parmigiano, entscheidet sie im letzten Moment.

In der Pastaabteilung bleibt Ana vor den Regalen mit den verschiedenen Sorten stehen. Eine Packung Spaghetti und eine Packung Makkaroni, sagt sie zu sich selbst und legt sie in den Wagen. Dann erinnert sie sich: Ach, ich darf die Tomatensauce nicht vergessen! Sie nimmt eine Flasche passierte Tomaten und, als sie ein Angebot für genuesisches Pesto sieht, nimmt sie auch ein Glas davon mit.

In der Getränkeabteilung nimmt Ana eine Flasche Rotwein und einen Liter frische Milch. Sie hält auch an, um eine Packung gemahlenen Kaffee für die italienische Kaffeemaschine mitzunehmen.

Bevor sie zur Kasse geht, macht Ana einen Abstecher zur Bäckerei. Der Duft von frisch gebackenem Brot lockt sie an. Eine frische Baguette und zwei Brötchen, bitte, bittet sie die Bäckerin. An der Kasse, während sie die Waren aufs Band legt, fragt der Kassierer: Guten Morgen, gnädige Frau. Haben Sie die Kundenkarte? Ana nickt und zeigt sie vor. Ja, hier ist sie. Der Kassierer zieht sie durch und beginnt, die Artikel zu scannen.Das macht insgesamt 42 Euro und 75 Cent, sagt der Kassierer am Ende. Wie möchten Sie bezahlen?

Mit Kreditkarte, bitte", antwortet Ana und zieht die Karte aus ihrem Portemonnaie.Nach dem Bezahlen packt Ana die Einkäufe in ihre wiederverwendbaren Taschen. Der Kassierer gibt ihr den Kassenbon: Hier, bitte. Vielen Dank, dass Sie El Gigante gewählt haben, wir wünschen Ihnen einen schönen Tag!"

„Vielen Dank, ebenfalls!", antwortet Ana mit einem Lächeln, nimmt ihren Wagen und geht zufrieden mit ihrem Einkauf zum Ausgang.)

1. Leseverständnisübung:

- **Cosa compra Anna nel reparto frutta e verdura?**
(Was kauft Anna in der Obst- und Gemüseabteilung?)
    - a) Banane, carote e zucchine (Bananen, Karotten und Zucchini)
    - b) Mele, pomodori, insalata e zucchine
(Äpfel, Tomaten, Salat und Zucchini)
    - c) Arance, peperoni e cetrioli (Orangen, Paprika und Gurken)
- **Quanto prosciutto e Parmigiano chiede Anna?**
(Wie viel Schinken und Parmigiano bestellt Anna?)
    - a) 200 grammi di prosciutto e 100 grammi di Parmigiano
(200 Gramm Schinken und 100 Gramm Parmigiano)
    - b) 100 grammi di prosciutto e 200 grammi di Parmigiano
(100 Gramm Schinken und 200 Gramm Parmigiano)
    - c) 300 grammi di prosciutto e 50 grammi di Parmigiano
(300 Gramm Schinken und 50 Gramm Parmigiano)
- **Che tipo di pasta e sugo compra Anna?**
(Welche Art von Pasta und Soße kauft Anna?)
    - a) Spaghetti, penne, passata di pomodoro e pesto
(Spaghetti, Makkaroni, passierte Tomaten und Pesto)
    - b) Fusilli, lasagne e ragù (Fusilli, Lasagne und Ragù)
    - c) Tagliatelle, ravioli e sugo all'arrabbiata
(Tagliatelle, Ravioli und Arrabbiata-Soße)
- **Cosa prende Anna nel reparto bevande?**
(Was nimmt Anna in der Getränkeabteilung?)
    - a) Acqua, succo d'arancia e tè (Wasser, Orangensaft und Tee)
    - b) Vino rosso Chianti, latte e caffè macinato
(Chianti-Rotwein, Milch und gemahlener Kaffee)
    - c) Birra, coca-cola e limonata (Bier, Cola und Limonade)
- **Quanto spende Anna in totale?**
(Wie viel gibt Anna insgesamt aus?)
    - a) 32,50 euro
    - b) 42,75 euro
    - c) 52,90 euro

3.4 *Für deine Gesundheit: Zum Arzt gehen!*

Lucia non si sente bene da alcuni giorni. Ha mal di testa, tosse e un po' di febbre. Decide di andare dal medico. Entra nello studio medico e si rivolge alla receptionist:

"Buongiorno, ho un appuntamento con il dottor Rossi."

"Certamente, si accomodi in sala d'attesa. Il dottore la chiamerà tra poco."

Dopo alcuni minuti, il medico la fa entrare.

"Buongiorno, signora. Come posso aiutarla?"

"Buongiorno, dottore. Non mi sento bene. Ho mal di testa, tosse e credo di avere la febbre."

"Capisco. Da quanto tempo ha questi sintomi?"

"Da circa tre giorni."

"Va bene, la visito subito. Si sdrai sul lettino, per favore."

Il medico la visita accuratamente, misura la pressione e la temperatura.

"Ha una leggera influenza. Le prescrivo degli antibiotici e uno sciroppo per la tosse. Riposi molto e beva molti liquidi."

"Grazie, dottore. Devo prendere giorni di malattia dal lavoro?"

"Sì, le consiglio di rimanere a casa per almeno tre giorni. Le faccio un certificato medico."

Il dottore scrive la ricetta e il certificato.

"Ecco la sua prescrizione e il certificato. Se i sintomi peggiorano, torni a trovarmi."

"Grazie mille, dottore. Arrivederci."

"Si riguardi, signora. Arrivederci."

Lucia esce dallo studio e si dirige verso la farmacia più vicina per acquistare i medicinali.

- **Übersetzung ins Deutsche:**

Lucia non si sente bene da alcuni giorni. Ha mal di testa, tosse e un po' di febbre. Decide di andare dal medico. Entra nello studio medico e si rivolge alla receptionist:

„Guten Tag, ich habe einen Termin bei Dr. Rossi."

„Natürlich, nehmen Sie bitte im Wartezimmer Platz. Der Arzt wird Sie in Kürze aufrufen."

Nach einigen Minuten bittet der Arzt sie herein.

„Guten Tag, gnädige Frau. Wie kann ich Ihnen helfen?"

„Guten Tag, Herr Doktor. Ich fühle mich nicht wohl. Ich habe Kopfschmerzen, Husten und ich glaube, ich habe Fieber."

„Ich verstehe. Wie lange haben Sie diese Symptome schon?"

„Seit etwa drei Tagen."

„In Ordnung, ich untersuche Sie sofort. Legen Sie sich bitte auf die Liege."

Der Arzt untersucht sie gründlich, misst den Blutdruck und die Temperatur.

„Sie haben eine leichte Grippe. Ich verschreibe Ihnen Antibiotika und einen Hustensaft. Ruhen Sie sich viel aus und trinken Sie viel Flüssigkeit."

„Danke, Herr Doktor. Muss ich mich krankmelden?"

„Ja, ich empfehle Ihnen, mindestens drei Tage zu Hause zu bleiben.
Ich stelle Ihnen ein ärztliches Attest aus."

Der Arzt schreibt das Rezept und das Attest.

„Hier sind Ihr Rezept und das Attest. Falls sich die Symptome verschlimmern, kommen Sie bitte wieder zu mir."

„Vielen Dank, Herr Doktor. Auf Wiedersehen."

„Passen Sie gut auf sich auf, gnädige Frau. Auf Wiedersehen."

Lucia verlässt die Praxis und geht zur nächsten Apotheke, um die Medikamente zu besorgen.

1. Leseverständnisübung:

- **Quali sintomi ha Lucia? (Welche Symptome hat Lucia?)**
  - a) Mal di stomaco e nausea (Magenschmerzen und Übelkeit)
  - b) Mal di testa, tosse e febbre (Kopfschmerzen, Husten und Fieber)
  - c) Dolore alle gambe e vertigini (Beinschmerzen und Schwindel)

- **Cosa prescrive il medico a Lucia? (Was verschreibt der Arzt Lucia?)**
  - a) Solo riposo (Nur Ruhe)
  - b) Antibiotici e sciroppo per la tosse (Antibiotika und Hustensaft)
  - c) Antidolorifici e vitamine (Schmerzmittel und Vitamine)

- **Per quanti giorni il medico consiglia a Lucia di rimanere a casa? (Wie viele Tage empfiehlt der Arzt Lucia, zu Hause zu bleiben?)**
  - a) Due giorni (Zwei Tage)
  - b) Tre giorni (Drei Tage)
  - c) Una settimana (Eine Woche)

- **Cosa fa il medico oltre a prescrivere i medicinali? (Was macht der Arzt außer Medikamente zu verschreiben?)**
  - a) Le fa un certificato medico (Er stellt ihr ein ärztliches Attest aus)
  - b) Le prenota una visita specialistica (Er vereinbart einen Termin beim Facharzt für sie)
  - c) Le fa un'iniezione (Er gibt ihr eine Spritze)

- **Dove va Lucia dopo la visita medica? (Wohin geht Lucia nach dem Arztbesuch?)**
  - a) A casa (Nach Hause)
  - b) Al lavoro (Zur Arbeit)
  - c) In farmacia (Zur Apotheke)

3.5 Dolce Far Niente: Ein Hotel buchen

Marco sta pianificando una vacanza a Roma e decide di prenotare un hotel. Prende il telefono e chiama l'Hotel Belvedere.

"Hotel Belvedere, buongiorno. Come posso aiutarla?" risponde la receptionist.

"Buongiorno, vorrei prenotare una camera per la prossima settimana, " dice Marco.

"Certamente, signore. Per quali date?"

"Dal 10 al 15 febbraio. Avete disponibilità?"

"Sì, abbiamo camere disponibili per quelle date. Che tipo di camera desidera?"

"Una camera doppia con vista, se possibile."

"Abbiamo una camera doppia con vista sul giardino. Va bene?"

"Perfetto. Quanto costa a notte?"

"La tariffa è di 120 euro a notte, colazione inclusa."

"Va bene. C'è il Wi-Fi gratuito?"

"Sì, offriamo Wi-Fi gratuito in tutto l'hotel. Ha altre domande?"

"Sì, a che ora è il check-in e il check-out?"

"Il check-in è dalle 14:00 e il check-out entro le 11:00."

"Grazie. Vorrei procedere con la prenotazione."

"Perfetto. Ho bisogno del suo nome e di una carta di credito per garantire la prenotazione."

Marco fornisce i suoi dati e completa la prenotazione.

"Grazie, signor Marco. La sua prenotazione è confermata. Ha bisogno di indicazioni per raggiungere l'hotel?"

"No, grazie. Ho già l'indirizzo. Arrivederci e grazie."

"Grazie a lei. Le auguriamo un piacevole soggiorno. Arrivederci!"

- **Übersetzung ins Deutsche:**

Marco plant einen Urlaub in Rom und entscheidet sich, ein Hotel zu reservieren. Er nimmt das Telefon und ruft im Hotel Belvedere an.

„Hotel Belvedere, guten Tag. Wie kann ich Ihnen helfen?", meldet sich die Rezeptionistin.

„Guten Tag, ich möchte gerne ein Zimmer für nächste Woche reservieren", sagt Marco.

„Natürlich, mein Herr. Für welche Daten?"

„Vom 10. bis zum 15. Februar. Haben Sie Verfügbarkeit?"

„Ja, wir haben für diese Daten Zimmer frei. Welche Art von Zimmer wünschen Sie?"

„Ein Doppelzimmer mit Aussicht, wenn möglich."

„Wir haben ein Doppelzimmer mit Blick auf den Garten. Ist das in Ordnung für Sie?"

„Perfekt. Wie viel kostet es pro Nacht?"

„Der Preis beträgt 120 Euro pro Nacht, Frühstück inbegriffen."

„In Ordnung. Gibt es kostenloses WLAN?"

„Ja, wir bieten im ganzen Hotel kostenloses WLAN an. Haben Sie noch weitere Fragen?"

„Ja, um wie viel Uhr ist der Check-in und der Check-out?"

„Der Check-in ist ab 14:00 Uhr und der Check-out bis 11:00 Uhr."

„Danke. Ich möchte mit der Reservierung fortfahren."

„Perfekt. Ich benötige Ihren Namen und eine Kreditkarte zur Garantie der Reservierung."

Marco gibt seine Daten an und schließt die Reservierung ab.

„Vielen Dank, Herr Marco. Ihre Reservierung ist bestätigt. Benötigen Sie eine Wegbeschreibung zum Hotel?"

„Nein, danke. Ich habe die Adresse bereits. Auf Wiedersehen und danke."

„Danke Ihnen. Wir wünschen Ihnen einen angenehmen Aufenthalt. Bis bald!"

1. Leseverständnisübung:

- **Cosa sta pianificando Marco? (Was plant Marco?)**
  - **a) Un viaggio a Venezia** (Eine Reise nach Venedig)
  - **b) Una vacanza a Roma** (Ein Urlaub in Rom)
  - **c) Un weekend a Firenze** (Ein Wochenende in Florenz)

- **Che tipo di camera prenota Marco? (Welches Zimmer reserviert Marco?)**
  - **a) Una camera singola** (Ein Einzelzimmer)
  - **b) Una camera doppia con vista sul giardino** (Ein Doppelzimmer mit Blick auf den Garten)
  - **c) Una suite** (Eine Suite)

- **Quanto costa la camera a notte? (Wie viel kostet das Zimmer pro Nacht?)**
  - a) 100 euro
  - b) 120 euro
  - c) 150 euro

- **Cosa è incluso nel prezzo della camera? (Was ist im Zimmerpreis inbegriffen?)**
  - **a) Solo la colazione** (Nur Frühstück)
  - **b) Colazione e cena** (Frühstück und Abendessen)
  - **c) Niente, è tutto extra** (Nichts, alles ist extra)

- **A che ora è il check-out? (Um wie viel Uhr ist der Check-out?)**
  - **a) Alle 10:00** (Um 10:00 Uhr)
  - **b) Alle 11:00** (Um 11:00 Uhr)
  - **c) Alle 12:00** (Um 12:00 Uhr)

Das Herz der Sprache: Grammatik in Aktion

Das Herz der Sprache: Grammatik in Aktion

¡Benvenuti al cuore pulsante della lingua italiana!
(Herzlich willkommen im pulsierenden Herzen der italienischen Sprache!)

Stell dir die italienische Grammatik wie eine wunderschöne, alte Stadt vor. Jede Straße, jeder Platz, jedes Gebäude hat seine eigene Geschichte und Funktion – genauso wie jede grammatische Regel im Italienischen. In diesem Abschnitt laden wir dich zu einer faszinierenden Reise durch die wichtigsten Viertel dieser Sprachstadt ein.

Wir beginnen unser Abenteuer auf der lebhaften Piazza del Presente, wo uns das Präsens des Indikativs das Alltagsleben auf Italienisch zeigt. Anschließend schlendern wir durch die Gassen des Passato Prossimo und entdecken, wie die Italiener von ihren jüngsten Erlebnissen erzählen.

Wir halten im malerischen Viertel des Imperfetto, wo Erinnerungen und Gewohnheiten aus der Vergangenheit lebendig werden. Von dort aus steigen wir auf den Turm des Futuro Semplice, um einen Blick auf das Kommende im Italienischen zu werfen.

Wir dürfen nicht vergessen, den eleganten Palazzo del Condizionale Presente zu besuchen, wo wir die Kunst der italienischen Höflichkeit erlernen. Auf dem Mercato dei Comparativi e Superlativi entdecken wir, wie die Italiener vergleichen und hervorheben.

Zum Abschluss machen wir einen entspannten Spaziergang durch die Giardini dei Pronomi und vereinfachen unsere Rede mit direkten und indirekten Pronomen.

Jeder Halt auf unserer Tour bringt dich dem Herzen des Italienischen näher und ermöglicht dir nicht nur, die Struktur der Sprache zu verstehen, sondern auch ihren Rhythmus und Geist zu spüren.

Mach dich bereit für eine spannende und bereichernde Reise.
Die italienische Grammatik ist nicht nur ein Regelwerk; sie ist ein Tor zur Kultur, Geschichte und Seele Italiens.

¡Andiamo insieme in questa avventura grammaticale!
(Lass uns gemeinsam dieses grammatische Abenteuer erleben!)

4.1 Das Jetzt: Die Gegenwart des Indikativs.

Il presente indicativo in italiano è il tempo verbale che usiamo per parlare di azioni che accadono adesso o che si ripetono regolarmente. È come scattare una foto del momento attuale!
(Das Präsens im Italienischen ist die Zeitform, die wir verwenden, um über Handlungen zu sprechen, die gerade jetzt passieren oder sich regelmäßig wiederholen. Es ist, als würde man ein Foto vom aktuellen Moment machen!)

1. Formazione del presente indicativo (Bildung des Präsens)
Per la maggior parte dei verbi regolari, si forma così:
(Bei den meisten regelmäßigen Verben wird es folgendermaßen gebildet:)

- **Verbi in -are: togli -are e aggiungi -o, -i, -a, -iamo, -ate, -ano**
  - Verben auf -are: entferne -are und füge -o, -i, -a, -iamo, -ate, -ano

Beispiel: parlare (sprechen)

- **Io parlo (Ich spreche), tu parli (Du sprichst), lui/lei parla (er/sie spricht)**
  - Ich spreche, du sprichst, er/sie spricht
- **Noi parliamo (wir reden), voi parlate (Du sprichst), loro parlano (sie reden)**
  - Wir sprechen, ihr sprecht, sie sprechen
- **Verbi in -ere: togli -ere e aggiungi -o, -i, -e, -iamo, -ete, -ono**
  - Verben auf -ere: entferne -ere und füge -o, -i, -e, -iamo, -ete, -ono

Beispiel: scrivere (schreiben)

- **Io scrivo (ich schreibe), tu scrivi (du schreibst), lui/lei scrive (er/sie schreibt)**
  - Ich schreibe, du schreibst, er/sie schreibt
- **Noi scriviamo (wir schreiben), voi scrivete (du schreibst), loro scrivono (sie schreiben)**
  - Wir schreiben, ihr schreibt, sie schreiben
- **Verbi in -ire: togli -ire e aggiungi -o, -i, -e, -iamo, -ite, -ono**
  - Verben auf -ire: entferne -ire und füge -o, -i, -e, -iamo, -ite, -ono

Beispiel: dormire (schlafen)

- **Io dormo (Ich schlafe), tu dormi (du schläfst), lui/lei dorme (er/sie schläft)**
  - Ich schlafe, du schläfst, er/sie schläft

- **Noi dormiamo (wir schlafen), voi dormite (du schläfst), loro dormono (sie schlafen)**
  - Wir schlafen, ihr schlaft, sie schlafen

2. Usi comuni del presente indicativo (Gewöhnliche Verwendungen des Präsens)

- **Azioni abituali:**
  - „Ogni mattina bevo un caffè" (Jeden Morgen trinke ich einen Kaffee)

- **Fatti generali o verità:**
  - „Il sole sorge a est" (Die Sonne geht im Osten auf)

- **Azioni in corso:**
  „Sto cucinando la pasta" (Ich koche gerade Pasta)

- **Futuro programmato:**
  - „Domani vado al cinema" (Morgen gehe ich ins Kino)

- **Passato recente in narrazioni:**
  - „Ieri incontro Marco e mi dice..."
    (Gestern treffe ich Marco und er sagt mir...)

3. Verbi irregolari comuni (Gewöhnliche unregelmäßige Verben)

- **Alcuni verbi molto usati sono irregolari. Ecco alcuni esempi:**
  - (Einige sehr häufig verwendete Verben sind unregelmäßig. Hier einige Beispiele:)

- **Essere (sein /sein): io sono, tu sei, lui/lei è, noi siamo, voi siete, loro sono**
  - Avere (haben): io ho, tu hai, lui/lei ha, noi abbiamo, voi avete, loro hanno

- **Fare (machen): io faccio, tu fai, lui/lei fa, noi facciamo, voi fate, loro fanno**
  - Andare (gehen): io vado, tu vai, lui/lei va, noi andiamo, voi andate, loro vanno

4. Esempi di frasi quotidiane (Beispiele für alltägliche Sätze)

- „Mangio una mela ogni giorno" (Ich esse jeden Tag einen Apfel)
- „Lavoro in un ufficio" (Ich arbeite in einem Büro)
- „Gioco a calcio il sabato" (Ich spiele samstags Fußball)
- „Leggo un libro la sera" (Ich lese abends ein Buch)
- „Parlo italiano con i miei amici"
  (Ich spreche Italienisch mit meinen Freunden)

Ricorda, la pratica rende perfetti! Usa il presente indicativo nelle tue conversazioni quotidiane per migliorare il tuo italiano.

(Denke daran, Übung macht den Meister! Verwende das Präsens in deinen täglichen Gesprächen, um dein Italienisch zu verbessern.)

5. Esercizio: Completa le frasi con il presente indicativo del verbo tra parentesi. (Übung: Vervollständige die Sätze mit dem Präsens Indikativ des Verbs in Klammern.)

- Io _______ (mangiare) una pizza ogni venerdì.
- Ich _______ (essen) jeden Freitag eine Pizza.
- Tu _______ (leggere) il giornale la mattina?
- Liest du _______ (lesen) morgens die Zeitung?
- Lui _______ (dormire) otto ore ogni notte.
- Er _______ (schlafen) jede Nacht acht Stunden.
- Noi _______ (andare) al cinema il sabato sera.
- Wir _______ (gehen) am Samstagabend ins Kino.
- Voi _______ (parlare) italiano molto bene!
- Ihr _______ (sprechen) sehr gut Italienisch!
- Loro _______ (lavorare) in un ufficio nel centro città.
- Sie _______ (arbeiten) in einem Büro im Stadtzentrum.
- Io _______ (essere) molto felice oggi.
- Ich _______ (sein) bin heute sehr glücklich.
- Tu _______ (avere) molti amici simpatici.
- Du _______ (haben) hast viele nette Freunde.
- Lei _______ (fare) la spesa ogni lunedì.
- Sie _______ (einkaufen) kauft jeden Montag ein.
- Noi _______ (scrivere) email ai nostri clienti ogni giorno.
- Wir _______ (schreiben) jeden Tag E-Mails an unsere Kunden.

4.2 *Geschichten von gestern: Passato Prossimo.*

1. Una Giornata Indimenticabile (Ein unvergesslicher Tag)

Ieri ho vissuto una giornata davvero speciale. (Gestern habe ich einen wirklich besonderen Tag erlebt.)

Mi sono svegliato presto, alle 6:30. (Ich bin früh aufgewacht, um 6:30 Uhr.)

Ho fatto una colazione abbondante: ho mangiato due pane abbrustolito e ho bevuto un caffè grande. (Ich habe ausgiebig gefrühstückt: Ich habe zwei Toast gegessen und einen großen Kaffee getrunken.)

Dopo, sono uscito di casa e sono andato al parco.
(Danach bin ich aus dem Haus gegangen und in den Park gegangen.)

Al parco, ho incontrato la mia amica Laura. (Im Park habe ich meine Freundin Laura getroffen.)

Abbiamo parlato per un'ora e abbiamo deciso di fare qualcosa insieme. (Wir haben eine Stunde lang gesprochen und beschlossen, etwas zusammen zu unternehmen.)

Siamo andati al museo d'arte moderna. (Wir sind ins Museum für moderne Kunst gegangen.)

Il museo è stato molto interessante. Abbiamo visto molti quadri bellissimi. (Das Museum war sehr interessant. Wir haben viele wunderschöne Gemälde gesehen.)

A mezzogiorno, abbiamo pranzato in un piccolo ristorante vicino al museo. (Mittags haben wir in einem kleinen Restaurant in der Nähe des Museums zu Mittag gegessen.)

Io ho ordinato una pasta, e Laura ha preso una pizza. (Ich habe Pasta bestellt und Laura hat eine Pizza genommen.)

Nel pomeriggio, siamo andati al cinema. (Am Nachmittag sind wir ins Kino gegangen.)

Abbiamo visto un film divertente e abbiamo riso molto. (Wir haben einen lustigen Film gesehen und viel gelacht.)

La sera, sono tornato a casa stanco ma felice. (Am Abend bin ich müde, aber glücklich nach Hause zurückgekehrt.)

Ho cenato con la mia famiglia e ho raccontato loro della mia giornata. (Ich habe mit meiner Familie zu Abend gegessen und ihnen von meinem Tag erzählt.)

Prima di andare a letto, ho chiamato Laura per ringraziarla. (Bevor ich ins Bett gegangen bin, habe ich Laura angerufen, um ihr zu danken.)

È stata davvero una giornata indimenticabile!
(Es war wirklich ein unvergesslicher Tag!)

2. Completa le frasi con il passato prossimo dei verbi tra parentesi: Vervollständigen Sie die Sätze mit dem Plusquamperfekt der Verben in Klammern:

- Ieri io ________ (vivere) una giornata davvero speciale.
- (Gestern ________ (erleben) ich einen wirklich besonderen Tag.)
- Mi ________ (svegliarsi) presto, alle 6:30.
- (Ich ________ (aufwachen) früh, um 6:30 Uhr.)
- ________ (fare) una colazione abbondante: ________ (mangiare) due toast e ________ (bere) un caffè grande.
- (Ich ________ (frühstücken) ausgiebig: ________ (essen) zwei Toast und ________ (trinken) einen großen Kaffee.)
- Dopo, ________ (uscire) di casa e ________ (andare) al parco.
- (Danach ________ (das Haus verlassen) und ________ (gehen) ich in den Park.)
- Al parco, ________ (incontrare) la mia amica Laura.
- (Im Park ________ (treffen) ich meine Freundin Laura.)
- Noi ________ (parlare) per un'ora e ________ (decidere) di fare qua cosa insieme.
- (Wir ________ (sprechen) eine Stunde lang und ________ (beschließen), etwas zusammen zu unternehmen.)
- ________ (andare) al museo d'arte moderna.
- (Wir ________ (gehen) ins Museum für moderne Kunst.)
- Il museo ________ (essere) molto interessante. ________ (vedere) molti quadri bellissimi.
- (Das Museum ________ (sein) sehr interessant. Wir ________ (sehen) viele wunderschöne Gemälde.)
- A mezzogiorno, ________ (pranzare) in un piccolo ristorante vicino al museo.
- (Mittags ________ (zu Mittag essen) wir in einem kleinen Restaurant in der Nähe des Museums.)
- Io ________ (ordinare) una pasta, e Laura ________ (prendere) una pizza.
- (Ich ________ (bestellen) Pasta und Laura ________ (nehmen) eine Pizza.)
- Nel pomeriggio, ________ (andare) al cinema.
- (Am Nachmittag ________ (gehen) wir ins Kino.)

- ________ (vedere) un film divertente e ________ (ridere) molto.
- (Wir ________ (sehen) einen lustigen Film und ________ (lachen) viel.)
- La sera, ________ (tornare) a casa stanco ma felice.
- (Am Abend ________ (zurückkehren) ich müde, aber glücklich nach Hause.)
- ________ (cenare) con la mia famiglia e ________ (raccontare) loro della mia giornata.
- (Ich ________ (zu Abend essen) mit meiner Familie und ________ (erzählen) ihnen von meinem Tag.)
- Prima di andare a letto, ________ (chiamare) Laura per ringraziarla.
- (Bevor ich ins Bett gehe, ________ (anrufen) ich Laura, um ihr zu danken.)

4.3 Erinnerungen und Gewohnheiten: Imperfetto

1. La formazione dell'imperfetto in italiano è relativamente semplice:
(Die Bildung des Imperfekts im Italienischen ist relativ einfach:)

Si rimuove la desinenza dell'infinito (-are, -ere, -ire) e si aggiungono le seguenti terminazioni:

- **(Per i verbi in -are: -avo, -avi, -ava, -avamo, -avate, -avano**
  - (Für Verben auf -are: -avo, -avi, -ava, -avamo, -avate, -avano)
- **Per i verbi in -ere e -ire: -evo, -evi, -eva, -evamo, -evate, -evano**
  - (Für Verben auf -ere und -ire: -evo, -evi, -eva, -evamo, -evate, -evano)

- **Esempi:**
  - **Parlare:** io parlavo, tu parlavi, lui/lei parlava, noi parlavamo, voi parlavate, loro parlavano.
  - **Scrivere:** io scrivevo, tu scrivevi, lui/lei scriveva, noi scrivevamo, voi scrivevate, loro scrivevano.
  - **Dormire:** io dormivo, tu dormivi, lui/lei dormiva, noi dormivamo, voi dormivate, loro dormivano.

1. **Verbi irregolari comuni all'imperfetto: (Gewöhnliche unregelmäßige Verben im Imperfekt:)**
    - **Essere:** ero, eri, era, eravamo, eravate, erano
    - **Fare:** facevo, facevi, faceva, facevamo, facevate, facevano
    - **Bere:** bevevo, bevevi, beveva, bevevamo, bevevate, bevevano
    - **Dire:** dicevo, dicevi, diceva, dicevamo, dicevate, dicevano

I verbi modali (dovere, potere, volere, sapere) seguono la coniugazione regolare all'imperfetto.
(Die Modalverben (dovere, potere, volere, sapere) werden im Imperfekt regelmäßig konjugiert.)

È importante notare che molti verbi irregolari al presente indicativo diventano regolari all'imperfetto, come andare (io andavo), tenere (io tenevo), e uscire (io uscivo)
(Es ist wichtig zu beachten, dass viele Verben, die im Präsens unregelmäßig sind, im Imperfekt regelmäßig werden, wie z. B. andare (io andavo), tenere (io tenevo) und uscire (io uscivo).)

2. **Verbi irregolari comuni all'imperfetto (Gewöhnliche unregelmäßige Verben im Imperfekt)**

- **Alcuni verbi hanno forme irregolari all'imperfetto: (Einige Verben haben im Imperfekt unregelmäßige Formen:)**
    - **Essere (sein / sein):** ero, eri, era, eravamo, eravate, erano.
    - **Fare (Tun):** facevo, facevi, faceva, facevamo, facevate, facevano.
    - **Bere (trinken):** bevevo, bevevi, beveva, bevevamo, bevevate, bevevano.
    - **Dire (sagen):** dicevo, dicevi, diceva, dicevamo, dicevate, dicevano.

3. **Usi dell'imperfetto (Verwendungen des Imperfekts)**
    - **Descrivere situazioni o stati nel passato:** „Quando ero bambino, avevo i capelli biondi." (Als ich ein Kind war, hatte ich blonde Haare.)
    - **Esprimere azioni abituali nel passato:** „Ogni estate andavamo al mare." (Jeden Sommer fuhren wir ans Meer.)
    - **Descrivere azioni in corso nel passato:** „Mentre cucinavo, ho ricevuto una telefonata." (Während ich kochte, bekam ich einen Anruf.)
    - **Descrivere l'ora, il tempo atmosferico o l'età nel passato:** „Erano le 8 e pioveva." (Es war 8 Uhr und es regnete.)
    - **Esprimere intenzioni o piani nel passato:** „Volevo chiamarti ieri sera." (Ich wollte dich gestern Abend anrufen.)

4. Esempi di frasi quotidiane (Beispiele für alltägliche Sätze)

- **„Da bambino giocavo sempre a calcio."**
  (Als Kind habe ich immer Fußball gespielt.)
- **„Mentre studiavo, ascoltavo la musica."**
  (Während ich lernte, hörte ich Musik.)
- **„L'anno scorso lavoravo in un ristorante."**
  (Letztes Jahr arbeitete ich in einem Restaurant.)
- **„Pensavo che fosse più tardi."** (Ich dachte, es wäre später.)
- **„Quando vivevo in Italia, mangiavo pasta ogni giorno."**
  (Als ich in Italien lebte, habe ich jeden Tag Pasta gegessen.)

5. Espressioni di tempo comuni con l'imperfetto (Gewöhnliche Zeitangaben mit dem Imperfekt)

- Da bambino/a (als Kind)
- Una volta (einmal)
- Spesso (oft)
- Di solito (gewöhnlich)
- Ogni giorno/settimana/mese/anno (jeden Tag/Woche/Monat/Jahr)
- Mentre (während)
- Quando (als/wenn)

Ricorda: L'imperfetto è essenziale per raccontare storie del passato e descrivere situazioni o abitudini che non esistono più. Praticalo raccontando i tuoi ricordi d'infanzia o descrivendo com'era la tua vita in passato!

(Denke daran: Das Imperfekt ist unerlässlich, um Geschichten aus der Vergangenheit zu erzählen und Situationen oder Gewohnheiten zu beschreiben, die es nicht mehr gibt. Übe es, indem du von deinen Kindheitserinnerungen erzählst oder beschreibst, wie dein Leben früher war!)

6. Esercizio: Completa le frasi con la forma corretta dell'imperfetto. Scrivi la traduzione in Tedesco tra parentesi. (Übung: Vervollständige die Sätze mit der richtigen Form des Imperfekts, Schreibe die Übersetzung auf Deutsch in Klammern.)

- Quando ero piccolo, io _______ (giocare) sempre nel parco.
- (Wenn ich klein war, _______ (spielen) ich immer im Park.)
- Mentre tu _______ (studiare), io _______ (preparare) la cena.
- (Während du _______ (lernen), _______ (zubereiten) ich das Abendessen.)
- Da bambina, mia sorella _______ (avere) i capelli lunghi.
- (Als Kind _______ (haben) meine Schwester lange Haare.)
- Voi _______ (andare) spesso al cinema il sabato sera?
- Geht ihr _______ (gehen) samstagabends oft ins Kino?
- Loro _______ (essere) molto felici quando _______ (vivere) in Italia.
- (Sie _______ (sein) sehr glücklich, als sie in Italien _______ (leben).)
- Tu _______ (fare) sport ogni giorno?
- Machst du _______ (machen) jeden Tag Sport?
- Noi _______ (bere) sempre il caffè dopo pranzo.
- (Wir _______ (trinken) immer nach dem Mittagessen Kaffee.)
- Mentre _______ (piovere), i bambini _______ (giocare) in casa.
- (Während es _______ (regnen), _______ (spielen) die Kinder im Haus.)
- Una volta, io _______ (pensare) che _______ (essere) facile parlare italiano.
- (Einmal _______ (dachte) ich, dass es einfach _______ (sein) wäre, Italienisch zu sprechen.)
- Di solito, voi _______ (dire) la verità ai vostri genitori?
- (Habt ihr euren Eltern gewöhnlich die Wahrheit _______ (sagen)?)

4.4 Blick in die Zukunft: Futuro Semplice

- Il futuro semplice in italiano è un tempo verbale che usiamo per parlare di azioni che avverranno in futuro. È come fare una previsione o un piano per il domani!
(Das Futur semplice im Italienischen ist eine Zeitform, die wir verwenden, um über Handlungen zu sprechen, die in der Zukunft stattfinden werden. Es ist, als würde man eine Vorhersage machen oder einen Plan für morgen schmieden!)

1. Formazione del futuro semplice (Bildung des Futur semplice)

- **Per formare il futuro semplice, si aggiungono queste terminazioni all'infinito del verbo, dopo aver rimosso la -e finale:**
  - (Um das Futur semplice zu bilden, fügt man diese Endungen an den Infinitiv des Verbs an, nachdem man das -e am Ende entfernt hat:)
  - -ò, -ai, -à, -emo, -ete, -anno
- **Esempi:**

- **Parlare** (sprechen): Io parlerò, tu parlerai, lui/lei parlerà, noi parleremo, voi parlerete, loro parleranno.
  - **(Beispiel: parlare (sprechen):** Ich werde sprechen, du wirst sprechen, er/sie wird sprechen, wir werden sprechen, ihr werdet sprechen, sie werden sprechen.)

- **Scrivere (schreiben):** Io scriverò, tu scriverai, lui/lei scriverà, noi scriveremo, voi scriverete, loro scriveranno.
  - **(Beispiel: scrivere (schreiben):** Ich werde schreiben, du wirst schreiben, er/sie wird schreiben, wir werden schreiben, ihr werdet schreiben, sie werden schreiben.)

- **Dormire (schlafen):** Io dormirò, tu dormirai, lui/lei dormirà, noi dormiremo, voi dormirete, loro dormiranno.
  - **(Beispiel: dormire (schlafen):** Ich werde schlafen, du wirst schlafen, er/sie wird schlafen, wir werden schlafen, ihr werdet schlafen, sie werden schlafen.)

2. Verbi irregolari comuni al futuro (Gewöhnliche unregelmäßige Verben im Futur)

Alcuni verbi hanno forme irregolari al futuro:
(Einige Verben haben im Futur unregelmäßige Formen:)

- Essere (sein / sein): sarò, sarai, sarà, saremo, sarete, saranno
- Avere (haben): avrò, avrai, avrà, avremo, avrete, avranno
- Andare (gehen): andrò, andrai, andrà, andremo, andrete, andranno
- Fare (Tun): farò, farai, farà, faremo, farete, faranno
- Venire (kommen): verrò, verrai, verrà, verremo, verrete, verranno

3. Usi del futuro semplice (Verwendungen des Futur semplice)

- Previsioni o promesse: „Domani pioverà." (Morgen wird es regnen.) „Ti chiamerò stasera." (Ich werde dich heute Abend anrufen.)
- Piani futuri: „L'anno prossimo andremo in vacanza in Spagna." (Nächstes Jahr werden wir in Spanien Urlaub machen.)
- Supposizioni sul presente: „Saranno le 8, è ora di cena." (Es wird wohl 8 Uhr sein, es ist Zeit zum Abendessen.)
- Ordini o istruzioni: „Farai i compiti prima di uscire." (Du wirst die Hausaufgaben machen, bevor du ausgehst.)

4. Esempi di frasi quotidiane (Beispiele für alltägliche Sätze)

- „Stasera guarderò un film."
  (Heute Abend werde ich einen Film schauen.)
- „La settimana prossima inizierò un nuovo lavoro."
  (Nächste Woche werde ich eine neue Arbeit anfangen.)
- „Che cosa farai questo weekend?"
  (Was wirst du dieses Wochenende machen?)
- „Penso che mi divertirò molto alla festa."
  (Ich denke, ich werde viel Spaß auf der Party haben.)
- „Quando arriverai, ti mostrerò la mia nuova casa."
  (Wenn du ankommst, werde ich dir mein neues Haus zeigen.)

5. **Espressioni di tempo comuni con il futuro semplice (Gewöhnliche Zeitangaben mit dem Futur semplice)**

- Domani (morgen)
- Dopodomani (übermorgen)
- La settimana prossima (nächste Woche)
- Il mese prossimo (nächsten Monat)
- L'anno prossimo (nächstes Jahr)
- Tra poco (in Kürze)
- Presto (bald)
- Un giorno (eines Tages)

Ricorda: Il futuro semplice è molto utile per parlare dei tuoi piani e delle tue aspettative. Praticalo immaginando come sarà la tua vita in futuro o facendo previsioni sul tempo!

(Denke daran: Das Futur semplice ist sehr nützlich, um über deine Pläne und Erwartungen zu sprechen. Übe es, indem du dir vorstellst, wie dein Leben in der Zukunft sein wird, oder indem du Wettervorhersagen machst!)

6. **Esercizio: Completa le frasi con la forma corretta del futuro semplice dei verbi tra parentesi. Scrivi la traduzione in Tedesco tra parentesi.(Übung: Vervollständige die Sätze mit der richtigen Form des Futur Simple der Verben in Klammern. Schreiben Sie die deutsche Übersetzung in Klammern.)**

- Domani io _______ (andare) al supermercato e _______ (comprare) del cibo per la settimana.
- (Morgen _______ (gehen) ich zum Supermarkt und _______ (kaufen) Essen für die Woche.)
- L'anno prossimo, noi _______ (essere) in Italia e _______ (visitare) Roma.
- (Nächstes Jahr _______ (sein) wir in Italien und _______ (besichtigen Rom.)
- Quando _______ (avere, tu) tempo, mi _______ (chiamare)?
- (Wann _______ (haben) du Zeit, _______ (anrufen) du mich?)
- Loro _______ (venire) alla festa stasera e _______ (portare) una torta.
- (Sie _______ (kommen) heute Abend zur Party und _______ (mitbringen) einen Kuchen.)
- Tra poco _______ (piovere), _______ (essere) meglio prendere l'ombrello.

- (Bald _______ (regnen) es, _______ (sein) es besser, den Regenschirm mitzunehmen.)
- Voi _______ (fare) i compiti prima di uscire, vero?
- (Ihr _______ (machen) die Hausaufgaben, bevor ihr ausgeht, oder?)
- Penso che mi _______ (divertire) molto alla festa domani.
- (Ich denke, ich _______ (mich amüsieren) morgen auf der Party sehr.)
- Che cosa _______ (mangiare, noi) per cena stasera?
- (Was _______ (essen) wir heute Abend zum Abendessen?)
- Un giorno _______ (scrivere, io) un libro sulla mia vita.
- (Eines Tages _______ (schreiben) ich ein Buch über mein Leben.)
- Presto _______ (iniziare, tu) il tuo nuovo lavoro. Come ti senti?
- (Bald _______ (anfangen) du deine neue Arbeit. Wie fühlst du dich?)

4.5 *Die Kunst der Höflichkeit: Präsens Konditional*

Il condizionale presente in italiano è un modo verbale che esprime cortesia, desideri e ipotesi. Si forma aggiungendo le terminazioni -ei, -esti, -ebbe, -emmo, -este, -ebbero all'infinito del verbo, dopo aver rimosso la -e finale. (Der Konditional Präsens im Italienischen ist eine Verbform, die Höflichkeit, Wünsche und Hypothesen ausdrückt. Er wird gebildet, indem man die Endungen -ei, -esti, -ebbe, -emmo, -este, -ebbero an den Infinitiv des Verbs anhängt, nachdem das -e am Ende entfernt wurde.)

1. Esempi di coniugazione:

- **Parlare:** io parlerei, tu parleresti, lui/lei parlerebbe, noi parleremmo, voi parlereste, loro parlerebbero.
  - **Beispiel: sprechen:** ich würde sprechen, du würdest sprechen, er/sie würde sprechen, wir würden sprechen, ihr würdet sprechen, sie würden sprechen.

- **Prendere:** io prenderei, tu prenderesti, lui/lei prenderebbe, noi prenderemmo, voi prendereste, loro prenderebbero.
  - **Beispiel: nehmen:** ich würde nehmen, du würdest nehmen, er/sie würde nehmen, wir würden nehmen, ihr würdet nehmen, sie würden nehmen.)

- **Dormire:** io dormirei, tu dormiresti, lui/lei dormirebbe, noi dormiremmo, voi dormireste, loro dormirebbero.
  - **Beispiel: schlafen:** ich würde schlafen, du würdest schlafen, er/sie würde schlafen, wir würden schlafen, ihr würdet schlafen, sie würden schlafen.

2. **Usi principali del condizionale presente: (Hauptverwendungen des Konditional Präsens:)**

- **Esprimere desideri:** "Mi piacerebbe tanto visitare Madrid!" (Ich würde sehr gerne Madrid besuchen.)
- **Fare richieste in modo cortese:** "Potresti passarmi il sale, per favore?" (Könntest du mir bitte das Salz reichen?)
- **Esprimere opinioni personali:** "Sarebbe una cosa carina a mio parere." (Meiner Meinung nach wäre das etwas Schönes.)
- **Dare consigli:** "Secondo me, dovresti impegnarti di più nel tuo lavoro." (Meiner Meinung nach solltest du dich mehr in deiner Arbeit anstrengen.)
- **Descrivere situazioni ipotetiche:** "Con un miliardo, andremmo ad abitare su un'isola del Pacifico." (Mit einer Milliarde würden wir auf eine Insel im Pazifik ziehen.)

Il condizionale presente è essenziale per comunicare in modo educato e gentile in italiano, permettendo di esprimere richieste, desideri e consigli in maniera cortese e rispettosa.

(Der Konditional Präsens ist unerlässlich, um auf Italienisch höflich und respektvoll zu kommunizieren. Er ermöglicht es, Bitten, Wünsche und Ratschläge auf eine höfliche und respektvolle Weise auszudrücken.)

3. **La formazione del condizionale presente in italiano segue queste regole: (Die Bildung des Konditional Präsens im Italienischen folgt diesen Regeln:)**

- **Per i verbi regolari:** (Für regelmäßige Verben:)
  - **Si parte dall'infinito del verbo:** (Man beginnt mit dem Infinitiv des Verbs)
  - **Si rimuove la -e finale:** (Man entfernt das -e am Ende)
  - **Si aggiungono le seguenti terminazioni: -ei, -esti, -ebbe, -emmo, -este, -ebbero:** (Man fügt folgende Endungen hinzu: -ei, -esti, -ebbe, -emmo, -este, -ebbero)

- **Esempi:**
  - **Parlare (sprechen):** Io parlerei, tu parleresti, lui/lei parlerebbe, noi parleremmo, voi parlereste, loro parlerebbero.
  - **Beispiel: sprechen:** Ich würde sprechen, du würdest sprechen, er/sie würde sprechen, wir würden sprechen, ihr würdet sprechen, sie würden sprechen.

- **Vendere (verkaufen):** Io venderei, tu venderesti, lui/lei venderebbe, noi venderemmo, voi vendereste, loro venderebbero.
  - **Beispiel: verkaufen:** Ich würde verkaufen, du würdest verkaufen, er/sie würde verkaufen, wir würden verkaufen, ihr würdet verkaufen, sie würden verkaufen.

- **Dormire (schlafen):** Io dormirei, tu dormiresti, lui/lei dormirebbe, noi dormiremmo, voi dormireste, loro dormirebbero.
  - **Beispiel: schlafen:** Ich würde schlafen, du würdest schlafen, er/sie würde schlafen, wir würden schlafen, ihr würdet schlafen, sie würden schlafen.

- **Per alcuni verbi irregolari comuni:**
  (Für einige häufige unregelmäßige Verben:)
  - **Essere (sei/sein):** sarei, saresti, sarebbe, saremmo, sareste, sarebbero
    Beispiel: sein: Ich wäre, du wärst, er/sie wäre, wir wären, ihr wärt, sie wären
  - **Avere (haben):** avrei, avresti, avrebbe, avremmo, avreste, avrebbero.
    (Beispiel: haben: Ich hätte, du hättest, er/sie hätte, wir hätten, ihr hättet, sie hätten.)
  - **Fare (machen):** farei, faresti, farebbe, faremmo, fareste, farebbero.
    (Beispiel: machen: Ich würde machen, du würdest machen, er/sie würde machen, wir würden machen, ihr würdet machen, sie würden machen.)
  - **Andare (gehen):** andrei, andresti, andrebbe, andremmo, andreste, andrebbero.
    (Beispiel: gehen: Ich würde gehen, du würdest gehen, er/sie würde gehen, wir würden gehen, ihr würdet gehen, sie würden gehen.)

4. Esempi di frasi quotidiane (Beispiele für alltägliche Sätze)

- **"Mi piacerebbe andare al cinema stasera."**
  (Ich würde heute Abend gerne ins Kino gehen.)
- **"Dovresti mangiare più verdure."**
  (Du solltest mehr Gemüse essen.)
- **"Sarebbe bello fare una festa questo weekend."**
  (Es wäre schön, dieses Wochenende eine Party zu machen.)
- **"Potrei avere un caffè, per favore?"**
  (Könnte ich bitte einen Kaffee haben?)
- **"Se fossi in te, accetterei quell'offerta di lavoro."**
  (Wenn ich du wäre, würde ich dieses Jobangebot annehmen.)

Ricorda: Il condizionale presente è un modo elegante per essere cortesi e gentili in italiano. Usalo per fare richieste, esprimere desideri o dare consigli in modo educato!
(Denke daran: Der Konditional Präsens ist eine elegante Art, im Italienischen höflich und freundlich zu sein. Verwende ihn, um Bitten zu äußern, Wünsche auszudrücken oder Ratschläge auf höfliche Weise zu geben!)

5. Esercizio: Completa le frasi con la forma corretta del condizionale presente dei verbi tra parentesi. Scrivi la traduzione in Tedesco tra parentesi. (Übung: Vervollständige die Sätze mit dem richtigen Satz.Präsens der Verben in Klammern. Schreiben Sie auf Deutsch. Übersetzung in Klammern.)

- Se avessi tempo, _______ (andare) in vacanza.
- (Wenn ich Zeit hätte, _______ (würde ich) in den Urlaub fahren.)
- _______ (volere, io) un gelato al cioccolato, per favore.
- (Ich _______ (möchte) ein Schokoladeneis, bitte.)
- _______ (potere, tu) aiutarmi con questi esercizi?
- _______ (können, du) mir mit diesen Übungen helfen?
- Secondo me, voi _______ (dovere) studiare di più.
- (Meiner Meinung nach _______ (solltet ihr) mehr lernen.)
- Se vincessi alla lotteria, _______ (comprare, io) una casa al mare.
- (Wenn ich im Lotto gewinnen würde, _______ (würde ich) ein Haus am Meer kaufen.)
- Loro _______ (essere) felici di partecipare alla festa.
- (Sie _______ (wären) glücklich, an der Party teilzunehmen.)
- _______ (piacere, a me) visitare Madrid un giorno.
- (Ich _______ (würde gerne) eines Tages Madrid besuchen.)
- In quella situazione, cosa _______ (fare, tu)?
- (Was _______ (würdest du) in dieser Situation tun?)
- Noi _______ (preferire) mangiare a casa stasera.
- (Wir _______ (würden es vorziehen), heute Abend zu Hause zu essen.)
- _______ (essere) una buona idea chiamare prima di andare.
- (Es _______ (wäre) eine gute Idee, vorher anzurufen.)

4.6 Weltenvergleich: Komparative und Superlative

1. Comparativi

- **Comparativo di maggioranza:** Più + aggettivo + di/che
  "Il cane è più grande del gatto."
  (Der Hund ist größer als die Katze.)
- **Comparativo di minoranza:** Meno + aggettivo + di/che
  "La bicicletta è meno veloce dell'auto."
  (Das Fahrrad ist weniger schnell als das Auto.)
- **Comparativo di uguaglianza:** Tanto/a/i/e + aggettivo + quanto/a/i/e
  "Marco è tanto alto quanto suo fratello."
  (Marco ist genauso groß wie sein Bruder.)

- **Regole importanti:**
  - **Si usa "di" prima di nomi o pronomi, "che" prima di verbi o frasi.**
    (Wichtig: „di" wird vor Nomen oder Pronomen verwendet, „che" vor Verben oder Sätzen.)
  - **Alcuni aggettivi hanno forme irregolari, come:**
    (Einige Adjektive haben unregelmäßige Formen, wie:)
    Buono → (migliore)
    Cattivo → (peggiore)

2. Superlativi

- **Superlativo relativo:** Il/La/I/Le più + aggettivo
  "Questa è la pizza più buona che abbia mai mangiato."
  (Das ist die beste Pizza, die ich je gegessen habe.)
- **Superlativo assoluto:** Aggettivo + -issimo/a/i/e
  "Quel film è bellissimo!"
  (Der Film ist wunderschön!)

3. Forme irregolari comuni

- **Buono: migliore (besser), ottimo (sehr gut)**
- **Cattivo: peggiore (schlechter), pessimo (sehr schlecht)**
- **Grande: maggiore (größer), massimo (am größten)**
- **Piccolo: minore (kleiner), minimo (am kleinsten)**

I comparativi e i superlativi sono strumenti essenziali per esprimere opinioni e fare confronti precisi in italiano.
(Vergleichsformen und Superlative sind grundlegende Werkzeuge, um Meinungen auszudrücken und präzise Vergleiche auf Italienisch anzustellen.)

4. Esercizio: Completa le frasi usando la forma corretta dei comparativi o superlativi. Scrivi la traduzione in Tedesco tra parentesi. (Übung: Vervollständige die Sätze mit der richtigen Form des Verbs Komparativ oder Superlativ. Verfassen Sie die Übersetzung auf Deutsch in Klammern.)

- Il cane è _______ (grande) del gatto.
- Der Hund ist _______ (groß) als die Katze.
- La bicicletta è _______ (veloce) dell'auto.
- Das Fahrrad ist _______ (schnell) als das Auto.
- Marco è _______ (alto) suo fratello.
- Marco ist _______ (groß) wie sein Bruder.
- Questa è la pizza _______ (buona) che abbia mai mangiato.
- Das ist die _______ (gut) Pizza, die ich je gegessen habe.
- Quel film è _______ (bello)!
- Der Film ist _______ (schön)!
- Questo ristorante è _______ (buono) di quello.
- Dieses Restaurant ist _______ (gut) als jenes.
- Oggi è il giorno _______ (cattivo) della settimana.
- Heute ist der _______ (schlecht) Tag der Woche.
- Le mele sono _______ (care) delle pere.
- Äpfel sind _______ (teuer) als Birnen.
- Mio fratello è _______ (alto) della famiglia.
- Mein Bruder ist der _______ (groß) in der Familie.
- Laura parla inglese _______ (bene) di me.
- Laura spricht Englisch _______ (gut) als ich.

Migliore

il maggiore

il peggiore

4.7 Vereinfachung der Sprache: Direkte Pronomen. und Indirec.

I pronomi diretti e indiretti in italiano sono come piccoli assistenti che ci aiutano a evitare ripetizioni e rendere il nostro discorso più fluido e naturale. (Die direkten und indirekten Pronomen im Italienischen sind wie kleine Helfer, die uns dabei unterstützen, Wiederholungen zu vermeiden und unsere Sprache flüssiger und natürlicher zu machen.)

1. Pronomi Diretti (Direkte Pronomen)

- **Pronomi diretti italiani:**
  - mi (me)
  - ti (dich)
  - lo (ihn, für maskulin Singular)
  - la (sie, für feminin Singular)
  - ci (uns)
  - vi (euch)
  - li (sie, für maskulin Plural)
  - le (sie, für feminin Plural)

- **Utilizzo:**
  - Si posizionano prima del verbo coniugato: "Lo vedo domani"
    (Sie stehen vor dem konjugierten Verb: „Ich sehe ihn morgen.")
  - Con l'infinito, si attaccano alla fine: "Voglio vederlo"
    (Beim Infinitiv werden sie an das Verb angehängt: „Ich will ihn sehen.")
  - Con il gerundio, si attaccano alla fine: "Sto guardandola"
    (Beim Gerundium werden sie an das Verb angehängt: „Ich schaue sie gerade an.")
  - Con l'imperativo affermativo, si attaccano alla fine: "Chiamami!"
    (Beim bejahten Imperativ werden sie an das Verb angehängt: „Ruf mich an!")

- **Esempi di uso quotidiano:**
  - "Hai visto Maria?" → "Sì, l'ho vista ieri"
    (Hast du Maria gesehen? → Ja, ich habe sie gestern gesehen.)
  - "Compri il pane?" → "Sì, lo compro"
    (Kaufst du das Brot? → Ja, ich kaufe es.)
  - "Conosci i miei amici?" → "Sì, li conosco"
    (Kennst du meine Freunde? → Ja, ich kenne sie.)

2. Pronomi Indiretti (Indirekte Pronomen)

I pronomi indiretti in italiano sostituiscono il complemento di termine, che risponde alla domanda "a chi?" o "per chi?". Ecco una spiegazione dettagliata:
(Die indirekten Pronomen im Italienischen ersetzen das Dativobjekt, das auf die Frage „wem?" oder „für wen?" antwortet. Hier eine ausführliche Erklärung:)

- **Pronomi indiretti italiani:**
  - mi (mir)
  - ti (dir)
  - gli (ihm)
  - le (ihr)
  - ci (uns)
  - vi (euch)
  - gli/loro (ihnen)

Utilizzo:

- Si posizionano generalmente prima del verbo coniugato:
  „Gli parlo spesso" (Ich spreche oft mit ihm.)
- Con l'infinito, si attaccano alla fine:
  „Voglio parlargli" (Ich möchte mit ihm sprechen.)
- Con il gerundio, si attaccano alla fine:
  „Sto scrivendole" (Ich schreibe ihr gerade.)
- Con l'imperativo affermativo, si attaccano alla fine:
  „Telefonami!" (Ruf mich an!)

- **Esempi di uso quotidiano:**
  - **„Hai dato il libro a Marco?"→„Sì, gli ho dato il libro"**
    (Hast du Marco das Buch gegeben? → Ja, ich habe ihm das Buch gegeben.)
  - **„Scrivi spesso ai tuoi genitori?" → „Sì, scrivo loro ogni settimana"**
    (Schreibst du oft deinen Eltern?→Ja, ich schreibe ihnen jede Woche.)
  - **„Posso chiederti un favore?"→ „Certo, chiedimi pure"**
    (Kann ich dich um einen Gefallen bitten?→Natürlich, bitte frag mich.)

I pronomi indiretti sono molto utili per semplificare il discorso e evitare ripetizioni in italiano. (Indirekte Pronomen sind sehr nützlich, um das Gespräch zu vereinfachen und Wiederholungen im Italienischen zu vermeiden.)

La posizione dei pronomi in italiano può variare a seconda del contesto. (Die Stellung der Pronomen im Italienischen kann je nach Kontext variieren.)

Ecco una guida dettagliata: (Hier ist eine ausführliche Anleitung:)

3. Posizione dei Pronomi (Stellung der Pronomen)

- **Con verbi coniugati:**
  - **I pronomi si posizionano prima del verbo:**
    „Lo vedo domani" (Ich sehe ihn morgen.)
    „Gli parlo spesso" (Ich spreche oft mit ihm.)

- **Con l'infinito:**
  - **I pronomi si attaccano alla fine del verbo:**
    „Voglio vederlo" (Ich möchte ihn sehen.)
    „È bello parlargli" (Es ist schön, mit ihm zu sprechen.)

- **Con il gerundio:**
  - **I pronomi si attaccano alla fine:**
    „Sto guardandola" (Ich schaue sie gerade an.)
    „Continuo scrivendogli" (Ich schreibe ihm weiterhin.)

- **Con l'imperativo affermativo:**
  - **I pronomi si attaccano alla fine:**
    „Chiamami!" (Ruf mich an!)
    „Dagli il libro!" (Gib ihm das Buch!)

- **Con l'imperativo negativo:**
  - **I pronomi vanno prima del verbo:**
    „Non chiamarmi!" (Ruf mich nicht an!)
    „Non dargli il libro!" (Gib ihm das Buch nicht!)

- **Con verbi modali (potere, dovere, volere):**
  - I pronomi possono andare prima del verbo modale o attaccarsi all'infinito:
    „Lo posso vedere" o „Posso vederlo" (Ich kann ihn sehen.)

- **Combinazione di pronomi:**
  - Quando si usano insieme pronomi diretti e indiretti, l'ordine è: indiretto + diretto
    „Glielo do" (Ich gebe es ihm.)

Ricorda: La pratica è fondamentale per padroneggiare la posizione dei pronomi in italiano!
(Denke daran: Übung ist entscheidend, um die Stellung der Pronomen im Italienischen zu beherrschen!)

4. Combinazione di Pronomi Diretti e Indiretti (Kombination von direkten und indirekten Pronomen)

La combinazione di pronomi diretti e indiretti in italiano segue regole specifiche. Ecco una spiegazione dettagliata:
(Die Kombination von direkten und indirekten Pronomen im Italienischen folgt bestimmten Regeln. Hier eine ausführliche Erklärung:)

- **Ordine dei pronomi:**
  - Quando si usano insieme, l'ordine è sempre: pronome indiretto + pronome diretto
    „Glielo do" (Ich gebe es ihm.)

- **Cambiamenti fonetici:**
  - **„gli" + „lo/la/li/le" diventa „glielo/gliela/glieli/gliele"**
    „gli" + „lo/la/li/le" wird zu „glielo/gliela/glieli/gliele"
  - **„mi" + „lo/la/li/le" diventa „me lo/me la/me li/me le"**
    „mi" + „lo/la/li/le" wird zu „me lo/me la/me li/me le"
  - **„ti" + „lo/la/li/le" diventa „te lo/te la/te li/te le"**
    „ti" + „lo/la/li/le" wird zu „te lo/te la/te li/te le")

- **Esempi di uso:**
  - **„Dai il libro a me"→„Dammelo"**
    (Gib mir das Buch→ Gib es mir.)
  - **„Mostro la foto a lui"→ „Gliela mostro"**
    (Ich zeige ihm das Foto → Ich zeige es ihm.)
  - **„Compri i fiori per noi?"→ „Ce li compri?"**
    (Kaufst du uns die Blumen? → Kaufst du sie uns?)

- **Con l'infinito: (Mit dem Unendlichen:)**
  - I pronomi combinati si attaccano alla fine del verbo
    „Voglio darglielo"(Ich möchte es ihm geben.)

- **Con il gerundio: (Mit dem Gerundium)**
  - I pronomi combinati si attaccano alla fine
    „Sto dandoglielo"(Ich gebe es ihm gerade.)

- **Con l'imperativo affermativo: (Mit dem affirmativen Imperativ:)**
  - I pronomi combinati si attaccano alla fine
    „Daglielo!"(Gib es ihm!)

- **Con l'imperativo negativo: (Mit dem negativen Imperativ)**
  - I pronomi combinati vanno prima del verbo
    „Non darglielo!" (Gib es ihm nicht!)

5. Usi Quotidiani (Alltägliche Verwendungen)

Gli usi quotidiani dei pronomi diretti e indiretti in italiano includono:
(Die alltäglichen Verwendungen der direkten und indirekten Pronomen im Italienischen umfassen:)

- **Al ristorante:**
  - "Vorrei un caffè"→ "Me lo porti, per favore?"
    (Ich hätte gerne einen Kaffee → Bringen Sie ihn mir bitte?)

- **Con gli amici:**
  - "Hai visto Maria?" → "Sì, l'ho vista ieri"
    (Hast du Maria gesehen? → Ja, ich habe sie gestern gesehen.)

- **In famiglia:**
  - "Hai dato il libro a Marco?" → "Sì, gliel'ho dato"
    (Hast du Marco das Buch gegeben? → Ja, ich habe es ihm gegeben.)

- **Fare richieste:**
  - "Puoi prestarmi la penna?" → "Certo, te la presto subito"
    (Kannst du mir den Stift leihen? → Natürlich, ich leihe ihn dir sofort.)

- **Esprimere preferenze:**
  - "Ti piace questo film?" → "Sì, lo adoro!"
    (Gefällt dir dieser Film? → Ja, ich liebe ihn!)

- **Dare istruzioni:**
  - "Devo firmare qui?" → "Sì, firmalo lì, per favore"
    (Muss ich hier unterschreiben? → Ja, unterschreibe ihn dort, bitte.)

6. Esercizio: Completa le frasi con i pronomi appropriati. Scrivi la traduzione in Tedesco tra parentesi. (Übung: Vervollständige die Sätze mit den passenden Pronomen. Schreiben Sie die deutsche Übersetzung in Klammern.

- Ho comprato un regalo per Maria. _____ darò domani.
- Ich werde es _____ morgen geben.
- Vuoi che _____ spieghi l'esercizio?
- (Möchtest du, dass ich es dir erkläre?)
- Non _____ dire! È un segreto.
- Sag es _____ nicht! Es ist ein Geheimnis.
- Sto cercando le mie chiavi. _____ hai viste?
- Hast du _____ gesehen?
- Se incontri Paolo, _____ saluta da parte mia.
- Wenn du Paolo triffst, _____ grüß ihn von mir.
- Questo libro è interessante. _____ consiglio di legger_____.
- Ich empfehle _____ , es zu lesen.
- I tuoi amici sono simpatici. _____ inviterò alla festa.
- Ich werde _____ zur Party einladen.
- Quando vedi tua sorella, _____ puoi dire che _____ ho chiamata?
- Wenn du deine Schwester siehst, _____ kannst du ihr sagen, dass _____ ich sie angerufen habe?
- Il caffè? _____ bevo sempre senza zucchero.
- Den Kaffee? Ich trinke _____ immer ohne Zucker.
- Quei biscotti sembrano buoni. _____ compri alcuni?
- Diese Kekse sehen gut aus. _____ kaufst du uns welche?
- Devo restituire il libro a Luca. _____ porterò domani.
- Ich muss Luca das Buch zurückgeben. Ich bringe _____ morgen.
- Non riesco a trovare i miei occhiali. _____ hai visti?
- Ich kann meine Brille nicht finden. Hast du _____ gesehen?
- Hai dato i soldi a tuo fratello? Sì, _____ ho dati ieri.
- Hast du deinem Bruder das Geld gegeben? Ja, _____ ich habe es ihm gestern gegeben.
- Vuoi che _____ accompagni alla stazione?
- Möchtest du, dass _____ ich dich zum Bahnhof begleite?

- Questo è un segreto, non _____ dire a nessuno!
- Das ist ein Geheimnis, sag es _____ niemandem!
- Quando incontri i tuoi genitori, _____ saluta da parte mia.
- Wenn du deine Eltern triffst, _____ grüß sie von mir.
- Ho preparato la cena per voi. _____ porto subito.
- Ich habe das Abendessen für euch vorbereitet. Ich bringe _____ euch sofort.
- Posso chieder_____ un favore?
- Darf ich _____ um einen Gefallen bitten?
- Questi documenti sono importanti. _____ devo consegnare al direttore.
- Diese Dokumente sind wichtig. _____ ich muss sie dem Direktor übergeben.
- Mi piace molto questa canzone. _____ ascolto ogni giorno.
- Ich mag dieses Lied sehr. Ich höre _____ jeden Tag.

Geschichten aus dem Kofferraum: Geschichten zum Üben

Willkommen zu einer sprachlichen und kulturellen Reise durch das Herz Italiens. „Geschichten aus dem Kofferraum: Geschichten zum Üben" ist nicht einfach nur ein weiteres Kapitel auf deinem Weg, Italienisch zu lernen; es ist ein Tor zu einer Welt voller Erfahrungen, Emotionen und Entdeckungen – alles erzählt in der melodischen Sprache Dantes.

In diesem Kapitel tauchst du in vier sorgfältig ausgearbeitete Geschichten ein, die jeweils nicht nur dazu dienen, deine Italienischkenntnisse zu verbessern, sondern dich auch in verschiedene Aspekte des italienischen Alltagslebens zu versetzen.

Jede Erzählung wurde mit dem Ziel verfasst, dich vollständig in authentische Situationen eintauchen zu lassen, sodass du Italienisch auf natürliche und kontextbezogene Weise lernen und üben kannst.

Die erste Geschichte, „Il Primo Giorno di Lavoro", nimmt dich an die Hand und führt dich durch die Emotionen und Herausforderungen, die mit dem Beginn eines neuen Jobs in Italien verbunden sind. Du wirst die Mischung aus Nervosität und Aufregung spüren, die der Protagonist erlebt, und dabei nicht nur den Wortschatz rund um das Arbeitsumfeld erlernen, sondern auch die Feinheiten der Kommunikation in einer neuen italienischen Berufswelt.

Anschließend lässt dich „Una Festa Sorpresa" in die Herzlichkeit und Zuneigung der zwischenmenschlichen Beziehungen in Italien eintauchen. Durch die Vorbereitungen und das Feiern einer Überraschungsparty entdeckst du, wie Italiener Freundschaft und Zuneigung ausdrücken, und lernst typische Redewendungen und Ausdrücke, die in festlichen und gesellschaftlichen Situationen verwendet werden.

Mit „Un Viaggio in Montagna" begibst du dich auf ein spannendes Abenteuer in die italienischen Berge. Diese Geschichte vermittelt dir Vokabular rund um Natur und Reisen.

Schließlich führt dich „Il Mistero del Museo" auf eine spannende Entdeckungstour durch eine italienische Kunstgalerie. Während du der spannenden Handlung folgst, lernst du etwas über Kunst, Geschichte und italienische Kultur – und verbesserst gleichzeitig dein Sprachverständnis durch dialogreiche Szenen voller Spannung und lebendiger Beschreibungen.

Jede Geschichte ist sorgfältig strukturiert, um neuen Wortschatz und grammatische Strukturen schrittweise und natürlich einzuführen.

Sie ermöglicht es dir, dich mit der italienischen Sprache vertraut zu machen. Außerdem findest du kulturelle Anmerkungen, die dir helfen, den Kontext und die italienischen Gepflogenheiten besser zu verstehen.

5.1 "Il Primo Giorno di Lavoro": Nervosität und neue Anfänge.

Marco si svegliò presto quella mattina, il cuore che batteva forte per l'emozione. Era il suo primo giorno di lavoro in una grande azienda italiana e voleva fare una buona impressione. Si vestì con cura, indossando il suo completo migliore, e si diresse verso l'ufficio.

Arrivato all'azienda, Marco fu accolto dal suo nuovo capo, la signora Bianchi. "Benvenuto nella nostra azienda, Marco," disse sorridendo. "Sono lieta di averti nel nostro team."

Marco rispose nervosamente, "Grazie mille, sono molto entusiasta di iniziare."

La signora Bianchi lo accompagnò in un giro dell'ufficio, presentandolo ai suoi nuovi colleghi. "Questo è l'ufficio dove lavorerai," spiegò, indicando una scrivania vicino alla finestra.

Durante la mattinata, Marco partecipò alla sua prima riunione. Ascoltò attentamente mentre i suoi colleghi discutevano di progetti e scadenze, cercando di assorbire il maggior numero di informazioni possibile.

A pranzo, alcuni colleghi invitarono Marco a unirsi a loro. "Vieni con noi alla mensa aziendale," disse una collega di nome Giulia. Marco accettò con gratitudine, felice di avere l'opportunità di conoscere meglio i suoi nuovi compagni di lavoro.

Mentre mangiavano, Marco si rilassò un po' e iniziò a chiacchierare con i suoi colleghi. Scoprì che avevano molto in comune e si sentì più a suo agio.

Nel pomeriggio, Marco iniziò a lavorare sul suo primo progetto. Nonostante qualche difficoltà iniziale con il nuovo software, riuscì a fare progressi significativi.

Alla fine della giornata, la signora Bianchi si avvicinò alla scrivania di Marco. "Come è andato il tuo primo giorno?" chiese.

Marco sorrise, "È stato intenso, ma molto interessante. Grazie per avermi dato questa opportunità."

Mentre tornava a casa, Marco si sentiva stanco ma soddisfatto. Il suo primo giorno di lavoro era stato pieno di sfide, ma anche di nuove esperienze e opportunità. Non vedeva l'ora di tornare il giorno successivo e continuare questa nuova avventura professionale.

- **Übersetzung ins Deutsche:**

Marco wachte an diesem Morgen früh auf, das Herz schlug ihm vor Aufregung bis zum Hals. Es war sein erster Arbeitstag in einem großen italienischen Unternehmen, und er wollte einen guten Eindruck hinterlassen. Sorgfältig zog er seinen besten Anzug an und machte sich auf den Weg ins Büro.

Als er im Unternehmen ankam, wurde Marco von seiner neuen Chefin, Frau Bianchi, empfangen. „Willkommen in unserer Firma, Marco", sagte sie lächelnd. „Ich freue mich sehr, dich in unserem Team zu haben."

Marco antwortete nervös: „Vielen Dank, ich bin sehr gespannt darauf, anzufangen."

La signora Bianchi lo accompagnò in un giro per l'ufficio, presentandolo ai suoi nuovi colleghi. „Questo è l'ufficio dove lavorerai", spiegò, indicando una scrivania vicino alla finestra.

Am Vormittag nahm Marco an seiner ersten Besprechung teil. Er hörte aufmerksam zu, während seine Kollegen über Projekte und Fristen diskutierten, und versuchte, so viele Informationen wie möglich aufzunehmen.

Zur Mittagszeit luden einige Kollegen Marco ein, sich ihnen anzuschließen. „Komm mit uns in die Firmenkantine", sagte eine Kollegin namens Giulia. Marco nahm dankbar an, froh, die Gelegenheit zu haben, seine neuen Arbeitskollegen besser kennenzulernen.

Mentre mangiavano, Marco si rilassò un po' e iniziò a chiacchierare con i colleghi. Scoprì che avevano molto in comune e si sentì più a suo agio.

Am Nachmittag begann Marco mit seinem ersten Projekt zu arbeiten. Trotz einiger anfänglicher Schwierigkeiten mit der neuen Software gelang es ihm, bedeutende Fortschritte zu machen.

Am Ende des Tages kam Frau Bianchi an Marcos Schreibtisch. „Wie war dein erster Tag?", fragte sie.

Marco lächelte: „Es war anstrengend, aber sehr interessant. Danke, dass Sie mir diese Chance gegeben haben."

Mentre tornava a casa, Marco si sentiva stanco ma soddisfatto.

Sein erster Arbeitstag war voller Herausforderungen gewesen, aber auch voller neuer Erfahrungen und Möglichkeiten. Er freute sich darauf, am nächsten Tag zurückzukehren und dieses neue berufliche Abenteuer fortzusetzen.

1. **Esercizio: Completa le frasi con le parole mancanti basandoti sulla stori di Marco. Scrivi la traduzione in Tedesco tra parentesi. (Übung: Vervollständige die Sätze mit den fehlenden Wörtern, basierend auf Marcos Geschichte. Schreiben Sie die deutsche Übersetzung in Klammern.)**

- Marco si svegliò presto, sentendosi _______ per il suo primo giorno di lavoro.
- (Marco wachte früh auf und fühlte sich _______ wegen seines ersten Arbeitstags.)
- Arrivato in _______, Marco fu accolto dalla signora Bianchi, il suo nuovo _______.
- (Als er im _______ ankam, wurde Marco von Frau Bianchi, seiner neuen _______, empfangen.)
- Durante la mattinata, Marco partecipò alla sua prima _______, ascoltando attentamente le discussioni sui _______ e le _______.
- (Am Vormittag nahm Marco an seiner ersten _______ teil und hörte aufmerksam den Diskussionen über _______ und _______ zu.)

- A pranzo, Marco andò alla _______ _______ con i suoi nuovi _______.
- (Zur Mittagszeit ging Marco mit seinen neuen _______ in die _______ _______.)
- Nel pomeriggio, Marco iniziò a lavorare sul suo primo _______, affrontando alcune _______ con il nuovo _______.
- (Am Nachmittag begann Marco an seinem ersten _______ zu arbeiten und stellte sich einigen _______ mit der neuen _______.)
- Alla fine della giornata, Marco si sentiva _______ ma _______, ansioso di continuare la sua nuova _______ _______.
- (Am Ende des Tages fühlte sich Marco _______ aber _______, voller Vorfreude darauf, sein neues _______ _______ fortzusetzen.)

5.2 "Una Festa Sorpresa": Feiern und Freunde treffen

Giulia era emozionatissima. Stava organizzando una festa a sorpresa per il compleanno del suo migliore amico, Luca. "Dobbiamo fare in modo che sia indimenticabile!" disse ai suoi amici mentre pianificavano l'evento.

Il giorno della festa, tutti si riunirono a casa di Giulia. "Sssh, sta arrivando!" sussurrò qualcuno. Quando Luca entrò, tutti gridarono: "Sorpresa! Tanti auguri!"

Luca rimase a bocca aperta. "Ragazzi, non ci posso credere! Che bello, grazie mille!"

La festa era in pieno svolgimento. C'era musica, cibo delizioso e tante risate. "Dai, facciamo un brindisi!" propose Marco, alzando il bicchiere. "A Luca, un amico d'oro!"

Mentre mangiavano la torta, Giulia disse: "Luca, sei proprio un pezzo di pane. Questa festa è per ringraziarti di essere un amico così speciale."

Luca, commosso, rispose: "Mi venite i brividi. Siete la mia seconda famiglia."

La serata continuò tra chiacchiere e giochi. "Che serata fantastica!" esclamò Anna. "Dovremmo farlo più spesso!"

Mentre gli ospiti se ne andavano, si scambiavano abbracci e baci sulle guance. "Ci vediamo presto!" "È stata una serata indimenticabile!"

Luca, prima di andare via, abbracciò Giulia. "Grazie di cuore. Siete il regalo più bello che potessi ricevere."

Giulia sorrise. "Figurati! L'amicizia è questo: esserci sempre l'uno per l'altro."

- **Übersetzung ins Deutsche:**

Giulia war sehr aufgeregt. Sie organisierte eine Überraschungsparty zum Geburtstag ihres besten Freundes Luca. „Wir müssen dafür sorgen, dass sie unvergesslich wird!", sagte sie zu ihren Freunden, während sie die Veranstaltung planten.

Am Tag der Feier versammelten sich alle bei Giulia zu Hause. „Pssst, er kommt!", flüsterte jemand. Als Luca eintrat, riefen alle: „Überraschung! Alles Gute zum Geburtstag!"

Luca blieb sprachlos stehen. „Leute, ich kann es nicht fassen! Wie schön, vielen Dank!"

La festa era nel pieno della gioia. C'era musica, köstliches Essen und viel Gelächter. „Kommt, lasst uns anstoßen!", schlug Marco vor und hob sein Glas. „Auf Luca, einen Freund aus Gold!"

Mentre mangiavano la torta, Giulia disse: „Luca, sei davvero una persona d'oro. Questa festa è per ringraziarti di essere un amico così speciale."

Luca, sichtlich gerührt, antwortete: „Ich bekomme eine Gänsehaut. Ihr seid meine zweite Familie."

La serata proseguì tra chiacchiere e giochi. „Was für eine fantastische Nacht!", rief Anna aus. „Wir sollten das öfter machen!"

Während die Gäste gingen, tauschten sie Umarmungen und Küsse auf die Wangen aus. „Bis bald!", „Es war ein unvergesslicher Abend!"

Luca, bevor er ging, umarmte Giulia. „Danke von Herzen. Ihr seid das beste Geschenk, das ich bekommen könnte."

Giulia lächelte. „Keine Ursache! Freundschaft bedeutet, immer füreinander da zu sein."

1. Leggi le seguenti affermazioni e indica se sono vere (V) o false (F). (Lies die folgenden Aussagen und gib an, ob sie wahr (W) oder falsch (F) sind.)

- Giulia organizzava la festa per il suo compleanno. (   )
  (Giulia organisierte die Party zu ihrem eigenen Geburtstag.)

- Luca rimase sorpreso quando arrivò alla festa. (   )
  (Luca war überrascht, als er zur Party kam.)

- Alla festa non c'era musica. (   )
  (Auf der Party gab es keine Musik.)

- Marco suggerì di fare un brindisi per Luca. (   )
  (Marco schlug vor, auf Luca anzustoßen.)

- Alla fine della festa, Luca era felice e grato. (   )
  (Am Ende der Party war Luca glücklich und dankbar.)

5·3 *"Un Viaggio in Montagna": Ein Abenteuer in den Bergen*

Marco era emozionato. Finalmente, era arrivato il giorno della sua prima escursione in montagna (Bergtour). Si svegliò presto, preparò il suo zaino con cura, e partì con i suoi amici.

Il viaggio in auto fu divertente. Cantarono canzoni e raccontarono barzellette. Dopo due ore, arrivarono ai piedi della montagna.

"Che bella vista!", esclamò Marco guardando le cime innevate. Il gruppo iniziò a camminare lungo il sentiero. L'aria fresca riempiva i loro polmoni.

Dopo un'ora, si fermarono per fare una pausa. Marco tirò fuori il suo panino e una mela. "Buon appetito!", disse ai suoi amici.

Mentre mangiavano, videro una marmotta che li osservava curiosa. "Guardate!", sussurrò Marco, indicando il piccolo animale.

Il cammino diventava più ripido, ma la vista era sempre più bella. Passarono accanto a un ruscello dove si fermarono per riempire le loro bottiglie d'acqua.

Nel pomeriggio, il cielo si oscurò. "Sta per piovere" (Es wird gleich regnen), disse uno degli amici. Fortunatamente, raggiunsero il rifugio (Berghütte) proprio quando iniziarono a cadere le prime gocce.

Nel rifugio, incontrarono altri escursionisti. Cenarono tutti insieme, gustando una deliziosa polenta con formaggio. Marco raccontò della marmotta che avevano visto, facendo ridere tutti (alle zum Lachen bringend).

La mattina dopo, si svegliarono con il sole. Il panorama era mozzafiato. Iniziarono la discesa, felici e stanchi.

Tornando a casa, Marco pensava già alla sua prossima avventura in montagna. "È stato il miglior fine settimana della mia vita!"
(Das war das beste Wochenende meines Lebens!), disse sorridendo.

- **Übersetzung ins Deutsche:**

Marco war aufgeregt. Endlich war der Tag seiner ersten Bergwanderung gekommen. Er wachte früh auf, packte sorgfältig seinen Rucksack und brach mit seinen Freunden auf.

Die Autofahrt war lustig. Sie sangen Lieder und erzählten Witze. Nach zwei Stunden erreichten sie den Fuß des Berges.

"Che bella vista!", esclamò Marco guardando le cime innevate. Il gruppo iniziò a camminare lungo il sentiero. Die frische Luft füllte ihre Lungen.

Dopo un'ora, si fermarono per fare una pausa. Marco tirò fuori il suo panino e una mela. "Buon appetito!", disse ai suoi amici.

Während sie aßen, sahen sie ein Murmeltier, das sie neugierig beobachtete. "Guardate!", flüsterte Marco und zeigte auf das kleine Tier.

Il cammino diventava più ripido, ma la vista era sempre più bella. Sie kamen an einem Bach vorbei, wo sie anhielten, um ihre Wasserflaschen aufzufüllen.

Nel pomeriggio, il cielo si oscurò. "Sta per piovere", sagte einer der Freunde. Glücklicherweise erreichten sie die Berghütte gerade, als die ersten Tropfen fielen.

Nel rifugio, incontrarono altri escursionisti. Sie aßen alle zusammen zu Abend und genossen eine köstliche Polenta mit Käse. Marco erzählte von dem Murmeltier, das sie gesehen hatten, und brachte alle zum Lachen.

La mattina dopo, si svegliarono con il sole. Das Panorama war atemberaubend. Sie begannen den Abstieg, glücklich und müde.

Auf dem Heimweg dachte Marco schon an sein nächstes Abenteuer in den Bergen. "È stato il miglior fine settimana della mia vita!", sagte er lächelnd.

1. Esercizio della storia precedente (Übung zur vorherigen Geschichte)

- **Dove è andato Marco per la sua avventura?**
  (Wohin ist Marco für sein Abenteuer gegangen?)
  - a) **Al mare** (Ans Meer)
  - b) **In montagna** (In die Berge)
  - c) **In città** (In die Stadt)

- **Come si è preparato Marco per il viaggio?**
  (Wie hat sich Marco auf die Reise vorbereitet?)
  - a) **Ha comprato un nuovo vestito:** (Er hat sich ein neues Kleid gekauft)
  - b) **Si è svegliato presto e ha preparato lo zaino:**
    (Er ist früh aufgewacht und hat seinen Rucksack vorbereitet)
  - c) **Ha prenotato un hotel di lusso:** (Er hat ein Luxushotel gebucht)

- **Cosa hanno fatto Marco e i suoi amici durante il viaggio in auto?**
  (Was haben Marco und seine Freunde während der Autofahrt gemacht?)
  - a) **Hanno dormito tutto il tempo:**
    (Sie haben die ganze Zeit geschlafen)
  - b) **Hanno cantato canzoni e raccontato barzellette:**
    (Sie haben Lieder gesungen und Witze erzählt)
  - c) **Hanno litigato tra di loro:** (Sie haben sich gestritten)

- **Quale animale hanno visto durante la pausa pranzo?**
  (Welches Tier haben sie während der Mittagspause gesehen?)
  - a) **Un orso:** (Einen Bären)
  - b) **Una marmotta:** (Ein Murmeltier)
  - c) **Un'aquila (Einen:** Adler)

- **Perché si sono fermati vicino al ruscello?**
  (Warum haben sie in der Nähe des Bachs angehalten?)
  - a) **Per fare un picnic:** (Um ein Picknick zu machen)
  - b) **Per riempire le loro bottiglie d'acqua:**
    (Um ihre Wasserflaschen aufzufüllen)
  - c) **Per fare il bagno:** (Um zu baden)

- **Cosa è successo nel pomeriggio con il tempo?**
(Was ist am Nachmittag mit dem Wetter passiert?)
  - a) **È diventato molto caldo:** (Es wurde sehr heiß)
  - b) **Ha iniziato a nevicare:** (Es hat angefangen zu schneien)
  - c) **Il cielo si è oscurato e ha iniziato a piovere:**
(Der Himmel hat sich verdunkelt und es hat angefangen zu regnen)

- **Dove hanno dormito Marco e i suoi amici?**
(Wo haben Marco und seine Freunde geschlafen?)
  - a) **In tenda:** (Im Zelt)
  - b) **In un rifugio:** (In einer Berghütte)
  - c) **All'aperto sotto le stelle:** (Im Freien unter den Sternen)

- **Cosa hanno mangiato per cena nel rifugio?**
(Was haben sie im Rifugio zum Abendessen gegessen?)
  - a) **Pizza:** (Pizza)
  - b) **Polenta con formaggio:** (Polenta mit Käse)
  - c) **Pasta al pomodoro:** (Nudeln mit Tomatensauce)

- **Come si sentivano Marco e i suoi amici durante la discesa?**
(Wie fühlten sich Marco und seine Freunde während des Abstiegs?)
  - a) **Arrabbiati e delusi:** (Verärgert und enttäuscht)
  - b) **Felici e stanchi:** (Glücklich und müde)
  - c) **Annoiati e impazienti:** (Gelangweilt und ungeduldig)

- **Cosa ha detto Marco alla fine del viaggio?**
(Was hat Marco am Ende der Reise gesagt?)
  - a) **"Non vedo l'ora di tornare a casa":**
(„Ich kann es kaum erwarten, nach Hause zu kommen")
  - b) **"È stato il miglior fine settimana della mia vita!":**
(„Das war das beste Wochenende meines Lebens!")
  - c) **"La prossima volta andiamo al mare":**
(„Das nächste Mal fahren wir ans Meer")

5.4 "Il Mistero del Museo": Spannung in der Galerie

Era una fredda sera d'inverno a Milano. La neve cadeva lentamente fuori dalle finestre del Museo di Storia Naturale, creando un'atmosfera magica e silenziosa. Maria, una giovane studentessa di archeologia di 22 anni, entrò nel museo per il suo solito turno di lavoro part-time. Indossava un maglione rosso e dei jeans, con una sciarpa avvolta intorno al collo per proteggersi dal freddo pungente.

"Buonasera, signor Rossi!" disse Maria al guardiano, un uomo anziano con baffi bianchi e occhiali spessi.

"Buonasera, Maria. Che freddo stasera, eh?" rispose il signor Rossi, strofinandosi le mani.

Il museo era silenzioso e vuoto, come sempre a quell'ora tarda. Maria amava questi momenti tranquilli, quando poteva passeggiare tra le sale e ammirare gli oggetti esposti senza il rumore dei visitatori.

Mentre camminava tra le sale, il suono dei suoi passi echeggiava nelle stanze vuote. Improvvisamente, notò qualcosa di strano. Una vetrina nella sala delle gemme sembrava diversa dal solito. Si avvicinò, il cuore che batteva un po' più forte. Con orrore, vide che mancava un oggetto.

"Oh no!" esclamò, portandosi le mani alla bocca. "Il famoso diamante blu non c'è più!"

Con le mani tremanti, Maria prese il telefono e chiamò subito la polizia. "Pronto? Sono Maria Bianchi, lavoro al Museo di Storia Naturale. C'è stato un furto al museo! Il diamante blu è scomparso!"

In pochi minuti, le sirene della polizia risuonarono fuori dal museo. L'ispettore Luca Bianchi, un uomo alto con capelli brizzolati e occhi attenti, arrivò sulla scena.

"Signorina Bianchi?" chiese l'ispettore. "Sono l'ispettore Bianchi. Raccontami tutto quello che è successo."

Maria spiegò dettagliatamente la situazione, descrivendo come aveva trovato la vetrina vuota e quando aveva visto il diamante l'ultima volta.

Insieme, esaminarono la scena del crimine. L'ispettore Bianchi, con i suoi guanti bianchi, esaminò attentamente la vetrina. "Guarda qui," disse, indicando un piccolo graffio sul vetro. "Il ladro deve aver usato qualcosa per forzare la serratura."

Continuando la ricerca, trovarono un guanto nero abbandonato dietro una statua e alcune impronte di scarpe sul pavimento lucido.

"Interessante," mormorò l'ispettore, prendendo appunti sul suo taccuino. "Maria, chi aveva accesso al museo oggi?"

Maria si concentrò, cercando di ricordare. "Dunque, c'erano solo tre persone oggi: io, il signor Rossi il guardiano, e Paolo, il nuovo addetto alle pulizie. È arrivato solo una settimana fa."

L'ispettore Bianchi decise di interrogare tutti. Il signor Rossi aveva un alibi solido: era stato visto alla reception tutta la sera. Ma quando arrivò il turno di Paolo, l'addetto alle pulizie, l'atmosfera cambiò. Paolo, un giovane magro con capelli scuri, sembrava nervoso e evitava lo sguardo dell'ispettore.

"Signor Paolo, dov'era alle 20:00?" chiese l'ispettore Bianchi, fissandolo intensamente.

"Io... stavo pulendo il bagno del secondo piano," rispose Paolo, sudando visibilmente.

L'ispettore Bianchi sorrise leggermente. "Interessante. Sa, abbiamo trovato le sue impronte sulla vetrina del diamante. Come lo spiega?"

Paolo impallidì. Le sue mani iniziarono a tremare e, dopo un momento di silenzio, crollò. "Va bene, confesso! Ho preso io il diamante. Avevo dei debiti, ero disperato!"

Il diamante fu ritrovato nascosto nell'armadietto di Paolo. L'ispettore Bianchi lo ammanettò, mentre Maria guardava la scena con un misto di shock e sollievo.

"Caso risolto!" annunciò l'ispettore con soddisfazione. Si voltò verso Maria con un sorriso. "Grazie, signorina Bianchi. La sua attenzione e prontezza sono state fondamentali per risolvere questo caso."

Maria sorrise, sentendosi orgogliosa e felice di aver aiutato a risolvere il mistero del museo. Mentre guardava l'ispettore Bianchi portare via Paolo, si rese conto che questa esperienza aveva risvegliato in lei una nuova passione: forse un giorno avrebbe potuto diventare anche lei un'investigatrice.

Quella notte, tornando a casa sotto la neve che continuava a cadere, Maria ripensò all'avventura appena vissuta. Il Museo di Storia Naturale non sarebbe più stato lo stesso per lei, ma ora aveva una storia emozionante da raccontare e un nuovo sogno da inseguire.

- **Übersetzung ins Deutsche**

Es war ein kalter Winterabend in Mailand. Draußen vor den Fenstern des Naturkundemuseums fiel langsam Schnee und schuf eine magische und stille Atmosphäre. Maria, eine 22-jährige Archäologiestudentin, betrat das Museum zu ihrer üblichen Teilzeitschicht. Sie trug einen roten Pullover und Jeans, mit einem Schal um den Hals, um sich vor der beißenden Kälte zu schützen.

„Guten Abend, Herr Rossi!", sagte Maria zum Wächter, einem älteren Mann mit weißem Schnurrbart und dicker Brille.

„Guten Abend, Maria. Ganz schön kalt heute, was?", antwortete Herr Rossi und rieb sich die Hände.

Das Museum war still und leer, wie immer zu dieser späten Stunde. Maria liebte diese ruhigen Momente, wenn sie durch die Säle gehen und die ausgestellten Objekte bewundern konnte, ohne das Geräusch der Besucher.

Während sie durch die Säle ging, hallte das Geräusch ihrer Schritte in den leeren Räumen wider. Plötzlich bemerkte sie etwas Merkwürdiges. Eine Vitrine im Edelsteinsaal sah anders aus als sonst. Sie näherte sich, das Herz schlug ihr ein wenig schneller. Mit Entsetzen sah sie, dass ein Objekt fehlte.

„Oh nein!", rief sie aus und schlug sich die Hände vor den Mund. „Der berühmte blaue Diamant ist weg!"

Mit zitternden Händen nahm Maria das Telefon und rief sofort die Polizei an. „Hallo? Hier ist Maria Bianchi, ich arbeite im Naturkundemuseum. Es hat einen Diebstahl im Museum gegeben! Der blaue Diamant ist verschwunden!"

Nach wenigen Minuten ertönten die Sirenen der Polizei vor dem Museum. Inspektor Luca Bianchi, ein großer Mann mit graumelierten Haaren und wachsamen Augen, traf am Tatort ein.

„Fräulein Bianchi?", fragte der Inspektor. „Ich bin Inspektor Bianchi. Erzählen Sie mir alles, was passiert ist."

Maria erklärte die Situation ausführlich und beschrieb, wie sie die leere Vitrine gefunden hatte und wann sie den Diamanten zuletzt gesehen hatte.

Gemeinsam untersuchten sie den Tatort. Inspektor Bianchi, mit weißen Handschuhen, untersuchte die Vitrine sorgfältig. „Schauen Sie mal hier“, sagte er und zeigte auf einen kleinen Kratzer im Glas. „Der Dieb muss etwas benutzt haben, um das Schloss aufzubrechen.“

Während sie weiter suchten, fanden sie einen schwarzen Handschuh, der hinter einer Statue liegen gelassen worden war, und einige Schuhabdrücke auf dem glänzenden Boden.

„Interessant“, murmelte der Inspektor und machte sich Notizen in seinem Notizbuch. „Maria, wer hatte heute Zugang zum Museum?“

Maria konzentrierte sich und versuchte sich zu erinnern. „Also, heute waren nur drei Personen hier: ich, Herr Rossi, der Wächter, und Paolo, der neue Reinigungskraft. Er ist erst seit einer Woche da.“

Inspektor Bianchi beschloss, alle zu befragen. Herr Rossi hatte ein solides Alibi: Er war den ganzen Abend an der Rezeption gesehen worden. Aber als Paolo, der Reinigungskraft, an der Reihe war, änderte sich die Atmosphäre. Paolo, ein schlanker junger Mann mit dunklen Haaren, wirkte nervös und wich dem Blick des Inspektors aus.

„Herr Paolo, wo waren Sie um 20:00 Uhr?“, fragte Inspektor Bianchi und sah ihn eindringlich an.

„Ich... ich habe das Badezimmer im zweiten Stock geputzt“, antwortete Paolo und schwitzte sichtbar.

Inspektor Bianchi lächelte leicht. „Interessant. Wissen Sie, wir haben Ihre Fingerabdrücke an der Diamantvitrine gefunden. Wie erklären Sie das?“

Paolo wurde blass. Seine Hände begannen zu zittern und nach einem Moment des Schweigens brach er zusammen. „In Ordnung, ich gestehe! Ich habe den Diamanten genommen. Ich hatte Schulden, ich war verzweifelt!“

Der Diamant wurde im Spind von Paolo versteckt gefunden.

Inspektor Bianchi legte ihm Handschellen an, während Maria die Szene mit einer Mischung aus Schock und Erleichterung betrachtete.

„Fall gelöst!“, verkündete der Inspektor zufrieden. Er wandte sich mit einem Lächeln an Maria. „Danke, Fräulein Bianchi. Ihre Aufmerksamkeit und Ihr schnelles Handeln waren entscheidend, um diesen Fall zu lösen.“

Maria lächelte, fühlte sich stolz und glücklich, geholfen zu haben, das Museumsrätsel zu lösen. Während sie zusah, wie Inspektor Bianchi Paolo abführte, wurde ihr klar, dass dieses Erlebnis in ihr eine neue Leidenschaft geweckt hatte: Vielleicht könnte sie eines Tages auch Detektivin werden.

In jener Nacht, als sie unter dem weiter fallenden Schnee nach Hause ging, dachte Maria über das Abenteuer nach, das sie gerade erlebt hatte.
Das Naturkundemuseum würde für sie nie mehr dasselbe sein, aber jetzt hatte sie eine spannende Geschichte zu erzählen und einen neuen Traum, dem sie nachjagen konnte.

1. Esercizio della storia precedente (Übung zur vorherigen Geschichte)

- **Dove lavora Maria? (Wo arbeitet Maria?)**
  - a) **In una biblioteca** (In einer Bibliothek)
  - b) **In un museo** (In einem Museum)
  - c) **In un ristorante** (In einem Restaurant)
- **Cosa è stato rubato? (Was wurde gestohlen?)**
  - a) **Un quadro famoso** (Ein berühmtes Gemälde)
  - b) **Una statua antica** (Eine antike Statue)
  - c) **Un diamante blu** (Ein blauer Diamant)
- **Chi ha chiamato Maria dopo aver scoperto il furto?**
  (Wen hat Maria nach der Entdeckung des Diebstahls angerufen?)
  - a) **Il suo capo** (Ihren Chef)
  - b) **La polizia** (Zur Polizei)
  - c) **I suoi genitori** (Ihre Eltern)
- **Quante persone avevano accesso al museo quel giorno?**
  (Wie viele Personen hatten an diesem Tag Zugang zum Museum?)
  - a) **Due** (Zwei)
  - b) **Tre** (Drei)
  - c) **Quattro** (Vier)
- **Chi era il colpevole del furto?**
  (Wer war der Täter des Diebstahls?)
  - a) **Il guardiano** (Der Wächter)
  - b) **Maria** (Maria)
  - c) **L'addetto alle pulizie** (Die Reinigungskraft)

- **Cosa ha trovato l'ispettore sulla scena del crimine?**
  (Was hat der Inspektor am Tatort gefunden?)
  - a) **Un cappello** (Einen Hut)
  - b) **Un guanto** (Einen Handschuh)
  - c) **Una scarpa** (Einen Schuh)

- **Perché il colpevole ha rubato il diamante?**
  (Warum hat der Täter den Diamanten gestohlen?)
  - a) **Per venderlo a un collezionista**
    (Um ihn an einen Sammler zu verkaufen)
  - b) **Per impressionare la sua fidanzata**
    (Um seine Freundin zu beeindrucken)
  - c) **Perché aveva dei debiti** (Weil er Schulden hatte)

- **Dove è stato trovato il diamante rubato?**
  (Wo wurde der gestohlene Diamant gefunden?)
  - a) **In un cestino della spazzatura** (In einem Mülleimer)
  - b) **Nascosto in giardino** (Im Garten versteckt)
  - c) **Nell'armadietto del colpevole** (Im Spind des Täters)

- **Che stagione era nella storia?**
  (Welche Jahreszeit war es in der Geschichte?)
  - a) **Estate** (Sommer)
  - b) **Autunno** (Herbst)
  - c) **Inverno** (Winter)

- **Cosa ha ispirato questa esperienza in Maria?**
  (Was hat dieses Erlebnis in Maria inspiriert?)
  - a) **Il desiderio di cambiare lavoro**
    (Den Wunsch, die Arbeit zu wechseln)
  - b) **La voglia di viaggiare** (Die Lust zu reisen)
  - c) **L'interesse per l'investigazione**
    (Das Interesse an der Ermittlungsarbeit)

Die Feuerprobe: Herausforderungen und Selbstbewertung.

Herzlich willkommen zum großen Finale unserer Reise durch die faszinierende Welt der italienischen Sprache!
Du hast einen langen Weg zurückgelegt – von deinen ersten zögerlichen Worten bis hin zu immer flüssigeren Gesprächen.

Jetzt stehst du auf dem Gipfel des Berges, bereit, auf all das zurückzublicken, was du erreicht hast, und dich auf neue Horizonte vorzubereiten, die sich dir eröffnen.
Dieses Kapitel, „La Prova del Fuoco", ist nicht nur ein Abschlusstest; es ist eine Feier deiner Hingabe und eine Gelegenheit, mit allem, was du gelernt hast, zu glänzen.

Stell dir vor, du befindest dich auf einer wunderschönen italienischen Piazza, umgeben von der Wärme der Mittelmeersonne und dem Duft frisch gebrühten Kaffees.
Die Klänge des Italienischen umgeben dich, und zum ersten Mal fühlst du dich als Teil dieser sprachlichen Symphonie.

Wir beginnen damit, dich einzuladen, in das Schreiben deiner eigenen Geschichte auf Italienisch einzutauchen.
Das ist dein Moment, Autor zu sein, Figuren und Situationen zum Leben zu erwecken, indem du all das Vokabular und die grammatikalischen Strukturen nutzt, die du gelernt hast.

Strebe nicht nach Perfektion; versuche, deine einzigartige Stimme in dieser neuen Sprache, die du dir zu eigen gemacht hast, auszudrücken.
Danach versetzen wir dich in Alltagssituationen im Herzen Italiens.

Du wirst dir vorstellen, deinen Lieblingscappuccino in einem belebten Café zu bestellen, auf einem bunten Markt zu feilschen oder nach dem Weg zum Trevi-Brunnen zu fragen.
Diese Rollenspiele werden nicht nur dein Italienisch testen, sondern dich auch auf zukünftige Abenteuer in Italien vorbereiten.

Der folgende Abschlusstest ist kein Hindernis, das es zu überwinden gilt, sondern ein Spiegel, der all deine Fortschritte widerspiegelt.
Du wirst sehen, wie Konjugationen, die einst unmöglich erschienen, jetzt ganz natürlich kommen, und wie Vokabeln, die früher fremd waren, nun zu deinem täglichen Sprachschatz gehören.

Jede Frage wird eine Gelegenheit sein, dich selbst zu überraschen.
Aber die Reise endet hier nicht. Wir statten dich mit einem Arsenal an Tipps, Tricks und Ressourcen aus, damit du deine Liebe zur italienischen Sprache auch nach dem Schließen dieses Buches weiter pflegen kannst.
Wir zeigen dir, wie du das Sprachenlernen zu einem spannenden und natürlichen Teil deines Alltags machen kannst.

Denk daran: Eine Sprache zu meistern ist wie das Pflegen eines wunderschönen italienischen Gartens – es braucht Geduld, Hingabe und Liebe. Es wird Tage geben, an denen die Worte wie von selbst blühen, und andere, an denen es scheint, als würdest du nicht vorankommen.

Aber mit jedem kleinen Schritt, mit jedem neuen Wort, das du lernst, fügst du deinem sprachlichen Garten Farbe und Leben hinzu.
Also, lieber Freund oder liebe Freundin, mach dich bereit für dieses aufregende letzte Kapitel.

Bring all deine Begeisterung, deine Neugier und deine Leidenschaft für das Italienische mit.
Das ist nicht das Ende deiner Reise mit der Sprache von Dante und Da Vinci; es ist nur der Anfang eines Abenteuers, das ein Leben lang dauern wird.
Vorwärts! Die Welt des Italienischen erwartet dich mit offenen Armen, bereit, dich zu überraschen, herauszufordern und vor allem, dein Leben auf Arten zu bereichern, die du dir jetzt noch nicht vorstellen kannst.

Möge die Prova del Fuoco beginnen!

6.1 Deine Stimme auf Italienisch: Schreib deine eigene Geschichte.

Willkommen zur spannendsten Herausforderung deiner Italienischreise: Erschaffe deine eigene Geschichte. Jetzt ist der Moment gekommen, Autor zu werden und Figuren, Orte und Gefühle mit allem, was du gelernt hast, zum Leben zu erwecken.

Stell dir vor, du hast eine leere Leinwand und deine Worte sind die Pinsel. Du kannst über alles schreiben: einen besonderen Tag in deinem Leben, ein erfundenes Abenteuer, eine Kindheitserinnerung oder sogar eine Fantasiegeschichte. Das Wichtigste ist, dass du das Italienische frei und kreativ verwendest.

Mach dir keine Sorgen um perfekte Grammatik. Konzentriere dich darauf, deine Ideen auszudrücken und eine Geschichte zu erzählen, die dich bewegt. Benutze die Verben, die du kennst, baue einfache, aber bedeutungsvolle Sätze. Wenn du ein Wort im Wörterbuch nachschlagen musst, tu es. Wenn du einen Dialog einbauen möchtest, nur zu.

Denke daran, grundlegende Elemente einzubauen: einen Protagonisten, einen Ort, eine Situation und einen kleinen Konflikt oder eine Veränderung. Es kann ganz einfach sein: eine Reise, eine Begegnung, eine Entdeckung. Deine Geschichte kann drei Absätze oder zehn haben – wichtig ist, dass sie von dir stammt.

Wenn du fertig bist, lies sie laut vor. Höre, wie dein Italienisch klingt. Sei stolz auf jedes Wort, auf jeden Satz, den du von Grund auf selbst gebaut hast. Das ist nicht nur eine Übung, es ist dein erstes literarisches Werk auf Italienisch.

Viel Erfolg, Autor!

6.2 Gespräche auf der Piazza: Dialogsimulation

Benvenuti nella magica atmosfera di una tipica piazza italiana!
Oggi, ci immergeremo completamente nella vita quotidiana italiana, vivendo esperienze autentiche e praticando il nostro italiano in situazioni reali. Preparatevi a un'avventura linguistica emozionante!

Immaginate di essere appena arrivati in questa incantevole piazza. Il sole brilla caldo sulla vostra pelle, le campane della chiesa suonano melodiosamente in lontananza, e l'aria è piena del profumo invitante di caffè appena fatto e pane fresco. Intorno a voi, la piazza pulsa di vita: anziani che chiacchierano animatamente sulle panchine, bambini che giocano a rincorrersi, e turisti che ammirano la bellezza dell'architettura circostante.
È il momento perfetto per mettere alla prova il vostro italiano!

- **Scenario 1: Al Caffè "La Dolce Vita"**

Vi avvicinate a un affascinante caffè all'angolo della piazza, con tavolini all'aperto protetti da ombrelloni a strisce bianche e rosse. Il locale si chiama "La Dolce Vita", un nome che promette un'esperienza autentica. Il barista, un uomo allegro sulla cinquantina con baffi curati e un sorriso contagioso, vi accoglie calorosamente.

Barista: "Buongiorno, cari! Benvenuti a La Dolce Vita. Cosa posso offrirvi in questa splendida giornata?"

Tu: "Buongiorno! Che bel posto che avete qui. Vorrei un cappuccino, per favore. E... cosa mi consiglia per colazione?"

Barista: "Oh, grazie mille! Siamo qui da generazioni. Per colazione, il nostro cornetto alla crema è una vera delizia. Appena sfornato, ancora caldo!"

Tu: "Suona delizioso! Allora prendo un cappuccino e un cornetto alla crema, per favore."

Barista: "Ottima scelta! Vuole gustarseli qui fuori in terrazza? Abbiamo una vista meravigliosa sulla piazza."

Tu: "Sì, grazie. C'è un tavolo libero con vista sulla fontana?"

Barista: "Certamente! Segua me, le mostro il tavolo perfetto. Da qui potrà godersi la colazione e lo spettacolo della piazza che si risveglia."

Mentre vi accomodate, il barista continua:

Barista: "Sa, questo caffè ha una storia interessante. Fu aperto dal mio bisnonno nel 1920. Si dice che anche Federico Fellini venisse qui a bere il suo espresso!"

Tu: "Davvero? Che storia affascinante! Quanto vi devo per la colazione?"

Barista: "Sono 4 euro e 50 centesimi in totale. Un prezzo speciale per chi apprezza la nostra storia!"

Tu: "Ecco a lei 5 euro. Tenga pure il resto come mancia."

Barista: "Lei è troppo gentile! Grazie mille e buon appetito. Se ha bisogno di qualsiasi cosa, mi chiami pure!"

- **Scenario 2: Chiedere Indicazioni**

Dopo la vostra deliziosa colazione, decidete di esplorare la città. Tuttavia, dopo qualche svolta, vi rendete conto di esservi persi. Notate una signora anziana dall'aspetto gentile che sta innaffiando dei coloratissimi gerani sul suo balcone al primo piano. Decidete di chiedere aiuto.

Tu: "Mi scusi, signora! Posso disturbarla un momento?"

Signora: "Ma certo, caro! Dimmi pure, in cosa posso aiutarti?"

Tu: "Sono un po' disorientato. Sto cercando il Duomo. Sa dirmi come posso arrivarci?"

Signora: "Oh, il nostro bellissimo Duomo! Ma certo che ti posso aiutare. Vediamo un po'... Allora, ascolta bene: prosegui dritto per questa strada, Via dei Fiori, fino al grande gelataio all'angolo - non puoi sbagliare, ha un enorme cono gelato come insegna!"

Tu: "Ok, dritto fino al gelataio con il cono gigante. E poi?"

Signora: "Esatto! Poi gira a destra in Via Roma. Cammina per due isolati e vedrai una piazzetta con una fontana. Il Duomo è proprio lì, impossibile non vederlo! La sua cupola domina il cielo."

Tu: "Grazie mille! È lontano? Devo prendere l'autobus?"

Signora: "Ma no, figurati! Sono solo dieci minuti a piedi, una piacevole passeggiata. Ti consiglio di andare a piedi così puoi goderti le bellezze del centro storico."

Tu: "Lei è gentilissima! Un'ultima domanda: sa dirmi a che ora ci sono le messe la domenica?"

Signora: "Certamente! La prima messa è alle 8:00, poi ce n'è un'altra alle 10:30 e l'ultima alle 18:00. La messa delle 10:30 è particolarmente bella, con il coro."

Tu: "Fantastico! Grazie infinite per tutte queste informazioni."

Signora: "Figurati, caro! È un piacere aiutare. Goditi la visita al Duomo e se hai bisogno di altro, torna pure a chiedere. Buona passeggiata!"

Tu: "Grazie ancora! Buona giornata!"

- **Scenario 3: Al Mercato Rionale**

Seguendo le indicazioni della gentile signora, vi dirigete verso il Duomo. Lungo il cammino, vi imbattete in un vivace mercato rionale. I colori vivaci della frutta e della verdura, i profumi delle spezie e il vociare allegro dei venditori vi attirano irresistibilmente. Decidete di fare un giro e magari comprare qualcosa per un picnic. Vi avvicinate a un banco di frutta particolarmente invitante.

Venditore: "Buongiorno, signori! Benvenuti al banco di Peppe. Cosa posso offrirvi oggi? Guardate che belle pesche, sono appena arrivate dalla campagna!"

Tu: "Buongiorno! Le pesche hanno davvero un bell'aspetto. Sono dolci?"

Venditore: "Dolci? Sono come il miele! Le ho assaggiate stamattina, una vera delizia. Vuole provarle?"

Tu: "Sì, grazie! Mmm, ha ragione, sono buonissime. Quanto costano?"

Venditore: "Per voi, 2 euro e 50 al chilo. È un prezzo speciale, perché siete simpatici!"

Tu: "Perfetto! Ne prendo un chilo, per favore. Cosa mi consiglia altro per un picnic?"

Venditore: "Per un picnic? Ho delle fragole appena raccolte, perfette da mangiare al parco. E che ne dite di questi pomodorini ciliegini? Sono dolcissimi, ideali per una semplice insalata."

Tu: "Suona delizioso! Allora prendo anche mezzo chilo di fragole e un cestino di pomodorini."

Venditore: "Ottima scelta! Volete anche un po' di basilico fresco? Va benissimo con i pomodori ed è gratis per voi!"

Tu: "Davvero? Sì, grazie mille! Quanto viene in totale?"

Venditore: "Dunque, vediamo... Un chilo di pesche, mezzo chilo di fragole e i pomodorini... Fanno 8 euro in totale. E il basilico è un regalo della casa!"

Tu: "Perfetto! Ecco a lei 10 euro. Tenga pure il resto."

Venditore: "Siete troppo gentili! Grazie mille. Aspettate, vi do una borsa più resistente per portare tutto. E prendete, vi regalo anche un limone.
È perfetto per fare una limonata fresca!"

Tu: "Wow, grazie! Siete davvero gentilissimo."

Venditore: "Ma figuratevi! È un piacere servire clienti così simpatici.
Godetevi il vostro picnic e tornate a trovarmi!"

Tu: "Lo faremo sicuramente! Arrivederci e buona giornata!"

Venditore: "Arrivederci a voi! Buon appetito e buona giornata!"

Questi scenari vi hanno permesso di immergervi in diverse situazioni quotidiane italiane, praticando non solo la lingua ma anche assaporando la cultura dell'ospitalità e della convivialità italiana. Ricordate, la chiave per migliorare è la pratica costante e non avere paura di fare errori.
Ogni conversazione è un'opportunità per imparare, crescere e vivere appieno l'esperienza italiana.

(Diese Szenarien haben es Ihnen ermöglicht, in verschiedene alltägliche Situationen in Italien einzutauchen, wobei Sie nicht nur die Sprache geübt, sondern auch die Kultur der italienischen Gastfreundschaft und Geselligkeit erlebt haben. Denken Sie daran: Der Schlüssel zur Verbesserung ist ständiges Üben und keine Angst vor Fehlern zu haben.

Jedes Gespräch ist eine Gelegenheit, zu lernen, zu wachsen und die italienische Erfahrung in vollen Zügen zu genießen.)

1. Esercizio: Vero o Falso

Basandovi sui dialoghi che avete appena letto, indicate se le seguenti affermazioni sono vere (V) o false (F):

- Il caffè "La Dolce Vita" è stato aperto nel 1920 dal bisnonno del barista attuale. (   )
- Il cappuccino e il cornetto alla crema costano in totale 5 euro. (   )
- La signora anziana sta innaffiando dei gerani sul suo balcone. (   )
- Il Duomo si trova a venti minuti a piedi dalla posizione attuale. (   )
- La messa della domenica con il coro è alle 10:30. (   )
- Le pesche al mercato costano 2 euro al chilo. (   )
- Il cliente compra solo pesche e fragole al mercato. (   )
- Il venditore regala del basilico fresco ai clienti. (   )
- Il costo totale della frutta e dei pomodorini è 10 euro. (   )
- Il venditore offre un limone gratis per fare una limonata. (   )

6.3 Letzte Weisheiten: Tipps und Ressourcen.

Herzlichen Glückwunsch, lieber Leser! Du hast das Ende dieser sprachlichen Reise erreicht, aber denke daran, dass das Erlernen einer Sprache ein niemals endendes Abenteuer ist.

Lass mich dir zum Abschluss noch einige letzte Weisheiten mit auf den Weg geben, damit du dein Italienisch weiter pflegst und über viele Jahre lebendig hältst.

Stell dir dein Gehirn als einen Garten vor und das Italienische als eine wunderschöne Pflanze, die du mit Liebe gepflegt hast. Jetzt, da du die Samen gesät und die ersten Triebe wachsen gesehen hast, ist es an der Zeit, diese Pflanze zu hegen und zu nähren, damit sie in voller Pracht erblüht.

Tauche deine Ohren in den süßen Klang des Italienischen.

Suche nach Podcasts zu Themen, die dich begeistern – sei es Kochen, Fußball oder Kunstgeschichte. Höre sie beim Kochen, beim Sport oder beim Entspannen. Mach dir keine Sorgen, wenn du am Anfang nicht jedes Wort verstehst; dein Gehirn nimmt die Melodie der Sprache auf.

Das italienische Fernsehen und Kino werden deine neuen besten Freunde sein. Beginne mit einfachen und unterhaltsamen Serien, vielleicht einer romantischen Komödie in Rom oder einem Familiendrama in der Toskana. Verwende anfangs italienische Untertitel – das ist wie Stützräder an deinem sprachlichen Fahrrad.

Ernähre deinen Geist mit Lektüre auf Italienisch. Fang mit kurzen Nachrichten oder Blogs zu deinen Interessen an. Gehe dann allmählich zu Kurzgeschichten und leichten Romanen über. Jede Seite, die du liest, ist ein weiterer Schritt auf dem Weg zur Sprachbeherrschung.

Übung macht den Meister, also suche Gelegenheiten zum Sprechen. Erinnerst du dich an die Sprachaustausche, von denen wir gesprochen haben? Jetzt ist es an der Zeit, den Sprung zu wagen. Stell dir vor, du hättest einen italienischen Freund, mit dem du regelmäßig plaudern könntest. Du könntest etwas über das Leben in Mailand lernen, während du Geschichten über deine eigene Stadt teilst.

Nutze die Technik. Es gibt großartige Apps, die das Lernen zu einem Spiel machen. Nimm dir jeden Tag ein paar Minuten Zeit, um Vokabeln und Grammatik zu üben. Das ist, als würdest du deine italienische Pflanze mit Tropfen des Wissens gießen.

Und hier sind einige Tipps, wie du dein Italienisch über die Zeit lebendig hältst: Schaffe eine tägliche „Italienisch-Zeit"-Routine. Das kann so einfach sein wie morgens beim Frühstück italienische Nachrichten zu lesen oder vor dem Schlafengehen ein italienisches Lied zu hören.

Tritt Online-Communities von Italienisch-Liebhabern bei. Stell dir eine Gruppe vor, in der du deine Fortschritte teilen, Fragen stellen und Motivation finden kannst, wenn das Lernen einmal schwerfällt.

Wenn möglich, plane eine Reise nach Italien. Nichts erhält die Leidenschaft für eine Sprache so sehr am Leben wie die Aussicht, sie im Ursprungsland zu sprechen. Bis dahin suche nach italienischen Kulturveranstaltungen in deiner Nähe. Ein italienisches Filmfestival oder ein Abendessen in einem echten italienischen Restaurant können dich für einen Moment auf die Straßen von Florenz oder Venedig versetzen.

Halte Kontakt mit italienischen Freunden. Jede Nachricht, die du schreibst oder erhältst, ist eine kleine Italienischübung.

Setze dir realistische Ziele und feiere deine Erfolge. Vielleicht nimmst du dir vor, alle zwei Monate ein Buch auf Italienisch zu lesen oder bis zum Jahresende einen italienischen Film ohne Untertitel zu sehen.

Denke daran, lieber Leser, dass das Italienische jetzt ein Teil von dir ist. Es ist ein Fenster zu einer neuen Sicht auf die Welt, ein Schlüssel, der Türen zu neuen Freundschaften und Erfahrungen öffnet. Pflege es, nähre es, und du wirst sehen, wie es mit der Zeit erblüht.

Der Weg des Sprachenlernens ist wie eine Reise entlang der kurvenreichen Straßen der Amalfiküste: voller unerwarteter Wendungen, atemberaubender Aussichten und spannender Entdeckungen. Manchmal mag es herausfordernd erscheinen, aber jede Kurve bringt dich der Meisterschaft näher.

Also los, mutiger Sprachreisender. Die Welt des Italienischen erwartet dich mit offenen Armen. Möge jedes Wort, das du lernst, jeder Satz, den du bildest, ein weiterer Schritt auf deinem italienischen Abenteuer sein.

Buon viaggio e in bocca al lupo!

ANTWORTEN DER ÜBUNGEN
(RISPOSTE AGLI ESERCIZI)

☑ SEITE 17

Antworten auf Italienisch
1) Buongiorno! È un mercato bellissimo.
2) Grazie! In realtà, è la mia prima volta qui e sto solo guardando.
3) Vengo da [Tu ciudad/país]. Sono in vacanza in Italia per due settimane.
4) Sì, l'Italia è meravigliosa! Adoro l'architettura e il cibo è delizioso.
5) Non ancora, ma sono ansioso/a di provare i piatti locali. Cosa mi consiglia?
6) Sì, grazie! Sono curioso/a di assaggiare.
7) È delizioso! Non ho mai assaggiato un formaggio così buono.
8) Sì, per favore. Ne prendo 200 grammi di entrambi.
9) Sì, voglio visitare gli Uffizi e il Duomo. Ha altri suggerimenti?
10) Grazie mille per i consigli e per la Sua gentilezza. Arrivederci!

☑ SEITE 21

- (Io) ho organizzato una festa per il mio compleanno.
- Tu porti il (tuo) famoso tiramisù?
- Maria dice che (lei) porterà il (suo) ragazzo alla festa.
- (Noi) abbiamo invitato tutti i (nostri) amici.
- (Voi) venite con le (vostre) famiglie?
- (Loro) arriveranno con il (loro) regalo.

☑ SEITE 26

- Vorrei (una tazza) di caffè, per favore.
- (Gli) studenti sono in (la) biblioteca.
- Ho comprato (delle scarpe) nuove per (la) festa.
- (I) problemi sono difficili, ma (le) soluzioni sono possibili.
- (Un') amica mi ha regalato (un) libro interessante.
- Abbiamo visto (dei gatti) al parco.
- (La) notte è tranquilla e (le) stelle brillano.
- Ho bisogno di (un bicchiere) d'acqua.

☑ SEITE 29

- Io (sono) felice. (Ich bin glücklich.)
- Tu (hai) un cane? (Hast du einen Hund?)
- Noi (siamo) in vacanza. (Wir sind im Urlaub.)
- Loro (hanno) due figli. (Sie haben zwei Kinder.)
- Voi (siete) italiani? (Ihr seid Italiener?)

☑ SEITE 32

- Ho comprato (cinque) mele rosse. (Ich habe fünf rote Äpfel gekauft.)
- Il cielo oggi è (blu). (Der Himmel ist heute blau.)
- (Sabato) andiamo al cinema. (Am Samstag gehen wir ins Kino.)
- Mi servono (dodici) uova per la torta.
(Ich brauche zwölf Eier für den Kuchen.)
- La mia macchina è di colore (verde). (Mein Auto ist grün.)

☑ SEITE 34

- (Posso) aiutarti con i compiti?
  (Ich kann dir bei den Hausaufgaben helfen?)
- Maria (vuole) visitare Roma. (Maria er/sie will Rom besuchen.)
- (Dobbiamo) partire presto domani.
  (Wir müssen morgen früh losfahren.)
- Non (so) guidare la macchina. (Nicht ich weiß Auto fahren.)

☑ SEITE 36

- La pasta è (sul) tavolo. (Die Pasta ist auf den Tisch.)
- Andiamo (alla) spiaggia. (Wir gehen zur Strand.)
- Il regalo è (degli) amici. (Das Geschenk ist von den Freunden.)
- Veniamo (dalla) montagna. (Wir kommen von der Bergen.)
- Il caffè è (nella) tazza. (Der Kaffee ist in der Tasse.)
- I turisti sono (nel) museo. (Die Touristen sind im Museum.)
- Le chiavi sono (sulla) porta. (Die Schlüssel sind auf die Tür.)
- Parliamo (delle) vacanze. (Wir sprechen von den Ferien.)
- Il gatto dorme (sul) divano. (Die Katze schläft auf den Sofa.)
- L'aereo vola (sulle) nuvole. (Das Flugzeug fliegt auf die Wolken.)

☑ SEITE 39

- c) Beide
- b) Prosecco
- b) Ossobuco alla milanese
- b) Tiramisu zum Teilen
- a) Köstlich

☑ SEITE 43

- Da dove parte Luca? (Von wo fährt Luca ab?)
  b) Milano (Mailand)

- Che tipo di biglietto compra Luca?
  (Welche Art von Fahrkarte kauft Luca?)
  b) Solo andata (Nur Hinfahrt)

- Cosa compra Luca al chiosco? (Was kauft Luca am Kiosk?)
  b) Un panino e una bottiglia d'acqua
  (Ein Sandwich und eine Flasche Wasser)

- In quale classe viaggia Luca? (In welcher Klasse reist Luca?)
  b) Seconda classe (Zweite Klasse)

- Quanto durerà il viaggio verso Roma?
  (Wie lange dauert die Fahrt nach Rom?)
  b) 3 ore (3 Stunden)

☑ SEITE 46

- b) Mele, pomodori, insalata e zucchine
  (Äpfel, Tomaten, Salat und Zucchini)

- a) 200 grammi di prosciutto e 100 grammi di Parmigiano
  (200 Gramm Schinken und 100 Gramm Parmigiano)

- a) Spaghetti, penne, passata di pomodoro e pesto
  (Spaghetti, Makkaroni, passierte Tomaten und Pesto)

- b) Vino rosso Chianti, latte e caffè macinato
  (Chianti Rotwein, Milch und gemahlener Kaffee)

- b) 42,75 euro

☑ SEITE 49

- b) Mal di testa, tosse e febbre (Kopfschmerzen, Husten und Fieber)

- b) Antibiotici e sciroppo per la tosse (Antibiotika und Hustensaft)

- b) Tre giorni (Drei Tage)

- a) Le fa un certificato medico (Er stellt ihr ein ärztliches Attest aus)

- c) In farmacia (Zur Apotheke)

☑ SEITE 52

- b) **Una vacanza a Roma** (Ein Urlaub in Rom)
- b) **Una camera doppia con vista sul giardino** (Ein Doppelzimmer mit Blick auf den Garten)
- b) **120 euro**
- a) **Solo la colazione** (Nur Frühstück)
- b) **Alle 11:00**

☑ SEITE 56

- **mangio** (ich esse)
- **leggi** (du liest)
- **dorme** (er/sie schläft)
- **andiamo** (wir gehen)
- **parlate** (ihr sprecht)
- **lavorano** (sie arbeiten)
- **sono** (ich bin)
- **hai** (du hast)
- **fa** (er/sie macht)
- **scriviamo** (wir schreiben)

☑ SEITE 59

- **1. ho vissuto** (ich habe erlebt)
- **2. mi sono svegliato** (ich bin aufgewacht)
- **3. ho fatto, ho mangiato, ho bevuto** (ich habe gefrühstückt, ich habe gegessen, i ch habe getrunken)
- **4. sono uscito, sono andato** (ich bin hinausgegangen, ich bin gegangen)
- **5. ho incontrato** (ich habe getroffen)
- **6. abbiamo parlato, abbiamo deciso** (wir haben gesprochen, wir haben beschlossen)
- **7. siamo andati** (wir sind gegangen)
- **8. è stato, abbiamo visto** (es war, wir haben gesehen)
- **9. abbiamo pranzato** (wir haben zu Mittag gegessen)
- **10. ho ordinato, ha preso** (ich habe bestellt, er/sie hat genommen)

- **11. siamo andati** (wir sind gegangen)
- **12. abbiamo visto, abbiamo riso** (wir haben gesehen, wir haben gelacht)
- **13. sono tornato** (ich bin zurückgekommen)
- **14. ho cenato, ho raccontato** (ich habe zu Abend gegessen, ich habe erzählt)
- **15. ho chiamato** (ich habe angerufen)

☑ SEITE 63

- **giocavo** (ich spielte)
- **studiavi** (du lerntest),
- **preparavo** (ich bereitete vor)
- **aveva** (er/sie hatte)
- **andavate** (ihr gingt)
- **erano** (sie waren),
- **vivevano** (sie lebten)
- **facevi** (du machtest)
- **bevevamo** (wir tranken)
- **pioveva** (es regnete),
- **giocavano** (sie spielten)
- **pensavo** (ich dachte),
- **fosse** (es war)
- **dicevate** (ihr sagtet)

☑ SEITE 66

- **andrò, comprerò** (ich werde gehen, ich werde kaufen)
- **saremo, visiteremo** (wir werden sein, wir werden besichtigen)
- **avrai, chiamerai** (du wirst haben, du wirst anrufen)
- **verranno, porteranno** (sie werden kommen, sie werden bringen)
- **pioverà, sarà** (es wird regnen, es wird sein)
- **farete** (ihr werdet machen)
- **divertirò** (ich werde mich amüsieren)
- **mangeremo** (wir werden essen)
- **scriverò** (ich werde schreiben)
- **inizierai** (du wirst anfangen)

☑ SEITE 70

- **andrei** (ich würde gehen)
- **vorrei** (ich würde gerne)
- **potresti** (du könntest)
- **dovreste** (ihr solltet)
- **comprerei** (ich würde kaufen)
- **sarebbero** (sie wären)
- **piacerebbe** (es würde gefallen)
- **faresti** (du würdest machen)
- **preferiremmo** (wir würden bevorzugen)
- **sarebbe** (es wäre)

☑ SEITE 72

- **più grande** (größer)
- **meno veloce** (weniger schnell)
- **tanto alto quanto** (so groß wie)
- **più buona** (besser)
- **bellissimo** (wunderschön)
- **migliore** (besser)
- **peggiore** (schlechter)
- **meno care** (weniger teuer)
- **il più alto** (der Größte)
- **meglio** (besser)

☑ SEITE 78

- 1. Glielo
- 2. te lo
- 3. glielo
- 4. le
- 5. lo
- 6. Ti, lo
- 7. li
- 8. le, l'
- 9. Lo
- 10. Ce ne
- 11. Glielo
- 12. li
- 13. glieli
- 14. ti
- 15. lo
- 16. li
- 17. Ve la
- 18. ti
- 19. Glieli
- 20. La

☑ SEITE 82

- **emozionato** (aufgeregt)
- **azienda, capo** (Firma, Chef)
- **riunione, progetti, scadenze** (Besprechung, Projekte, Fristen)
- **mensa aziendale, colleghi** (Firmenkantine, Kollegen)
- **progetto, difficoltà, software** (Projekt, Schwierigkeiten, Software)
- **stanco, soddisfatto, avventura professionale**
  (müde, zufrieden, berufliches Abenteuer)

☑ SEITE 85

- **Giulia organizzava la festa per il suo compleanno. (F)**
  (Giulia organisierte die Party für ihren Geburtstag.)
  Falsch (Sie organisierte sie für Lucas Geburtstag).
- **Luca rimase sorpreso quando arrivò alla festa. (V)**
  (Luca war überrascht, als er zur Party kam.) Wahr
- **Alla festa non c'era musica. (F)**
  (Auf der Party gab es keine Musik.)
  Falsch (Es gab Musik auf der Party).
- **Marco suggerì di fare un brindisi per Luca. (V)**
  (Marco schlug vor, auf Luca anzustoßen.) Wahr
- **Alla fine della festa, Luca era felice e grato. (V)**
  (Am Ende der Party war Luca glücklich und dankbar.) Wahr

☑ SEITE 87

- b) **In montagna** (In den Bergen)
- b) **Si è svegliato presto e ha preparato lo zaino**
  (Er ist früh aufgewacht und hat den Rucksack vorbereitet)
- b) **Hanno cantato canzoni e raccontato barzellette**
  (Sie haben Lieder gesungen und Witze erzählt)
- b) **Una marmotta** (Ein Murmeltier)
- b) **Per riempire le loro bottiglie d'acqua**
  (Um ihre Wasserflaschen aufzufüllen)
- c) **Il cielo si è oscurato e ha iniziato a piovere**
  (Der Himmel wurde dunkel und es begann zu regnen)
- b) **In un rifugio** (In einer Berghütte)
- b) **Polenta con formaggio** (Polenta mit Käse)
- b) **Felici e stanchi** (Glücklich und müde)
- b) **"È stato il miglior fine settimana della mia vita!"**
  ("Das war das beste Wochenende meines Lebens!")

☑ SEITE 93

- b) **In un museo** (In einem Museum)
- c) **Un diamante blu** (Ein blauer Diamant)
- b) **La polizia** (Zur Polizei)
- b) **Tre** (Drei)
- c) **L'addetto alle pulizie** (Der Reinigungskraft)
- b) **Un guanto** (Ein Handschuh)
- c) **Perché aveva dei debiti** (Weil er Schulden hatte)
- c) **Nell'armadietto del colpevole** (Im Schließfach des Täters)
- c) **Inverno** (Winter)
- c) **L'interesse per l'investigazione** (Das Interesse an der Ermittlung)

☑ SEITE 103

- 1. V
- 2. F
- 3. V
- 4. F
- 5. V
- 6. F
- 7. F
- 8. V
- 9. F
- 10. V

Printed in Poland
by Amazon Fulfillment
Poland Sp. z o.o., Wrocław

54641015R00063